AF525053

Ira Schneider

Saarländische KÜCHENKLASSIKER

Kerschdscher, Schweinskäs und *Zwiwweltunk*

Wartberg Verlag

Bildnachweis:
Alle Fotos: Ira Schneider;
Foto Ira Schneider auf der Umschlagrückseite: Klaus Görgen

1. Auflage 2019

Alle Rechte vorbehalten, auch die des auszugsweisen
Nachdrucks und der fotomechanischen Wiedergabe.

Gestaltung und Satz: www.ravenstein2.de
Druck: Druck- und Verlagshaus Thiele & Schwarz GmbH, Kassel
Buchbinderische Verarbeitung: Buchbinderei S. R. Büge, Celle

© Wartberg-Verlag GmbH
34281 Gudensberg-Gleichen · Im Wiesental 1
Telefon: 056 03/9 30 50 · www.wartberg-verlag.de

ISBN 978-3-8313-3017-1

Ira Schneider

Saarländische KÜCHENKLASSIKER

Kerschdscher, Schweinskäs und Zwiwweltunk

Wer im Saarland zu Gast ist, kommt an Spezialitäten wie Dibbelabbes, Bibbelschesbohnesupp oder auch Gefillde mit Specksoße und Sauerkraut nicht vorbei. Gerne serviert man die traditionsreichen Speisen heute zu besonderen Anlässen – nämlich dann, wenn mal wieder viele Esser am Tisch sind! Obwohl die Küche der Väter, die in den Kohlehalden und Fabriken schufteten, nach heutigen ernährungsphysiologischen Gesichtspunkten etwas schwer und deftig erscheint – haben viele Gerichte überlebt und sind Teil der regionalen Identität geworden.

Genuss mit Geschichte

„Hauptsache gudd gess – geschafft hann mir schnell" ist das Motto des genussfreudigen Saarländers. Es ist daher für Einheimische nicht verwunderlich, dass sich überdurchschnittlich viele Spitzen- und Sternerestaurants in dem kleinen Bundesland im Westen an der Grenze zu Frankreich finden. Denn auch hier findet man die Küchenklassiker, neu interpretiert oder als Beilagen! Wer zu Fuß oder mit dem Rad zum Genusswandern rund um die Saarschleife (www.urlaub.saarland) kommt, wird von der Vielfalt der Region und seinen Nachbarn Lothringen und Luxemburg begeistert sein. Wälder, Hügel und Streuobstwiesen stehen im Gegensatz zu den von Industrie, Fördertürmen und Hochöfen geprägten Zentren rund um Völklingen, Dillingen oder Saarbrücken. Doch auch ein Ausflug zum Weltkulturerbe Völklinger Hütte kann durchaus reizbar sein. Schließlich waren es die Arbeiter solcher Verhüttungswerke, die den kulinarischen Schatz der Region über die Jahrhunderte mitgeprägt haben.

Dankeschön

Ein Kochbuch wie dieses, das Traditionsgerichte, authentische Rezepte und typische Zutaten aus dem Saarland vorstellt, ist kein einfaches Vorhaben. Ohne Unterstützung wäre dies nicht möglich. Ich bedanke mich herzlich beim Slow Food Convivium Saarland unter Leitung von Holger Gettmann für Informationen und Hinweise zu vielen Küchenklassikern.

„Herzlichen Dank" sagen möchte ich auch Micha Buchna vom Hotel Saarschleife aus Mettlach-Orscholz, der viele Traditionsgerichte mit Herzblut für seine Gäste kocht und auch in Kochkursen das Wissen rund um die saarländischen Spezialitäten weitergibt. Ebenfalls meiner Bonner Slow Food-Kollegin Baerbel Rößler, die im Saarland aufgewachsen ist, und Kerstin Berres aus Saarwellingen möchte ich für Tipps und Unterstützung herzlich danken.

Ira Schneider

INHALTSVERZEICHNIS

VORWORT

Liebe Leserinnen und Leser!

In diesem Kochbuch finden Sie ein Portrait der Saarländischen Küche, wie sie in Privathaushalten von Nonnweiler im Norden bis nach Saarbrücken im Süden heute auf den Tisch kommt. Der Rezeptband hat weder den Anspruch, ein historisches Kochbuch zu sein, noch avantgardistische Strömungen aufzugreifen. Viele Rezeptklassiker wie Dibbelabbes (ein im Ofen gebackener Kartoffelkuchen), aber auch moderne Speisen wie gebratenes Zanderfilet mit Ofengemüse oder eine bunte Kürbissuppe finden sich im Repertoire der Familien.

Bibbelschesbohnesupp bis Zwiwweltunk – Küchenklassiker aus dem Saarland

Der Rezeptekanon für dieses Kochbuch ist nach Recherchen in alten und modernen Kochbüchern aus den letzten 100 Jahren, vor allem aber durch Gespräche mit Bewohnern des Saarlands entstanden. Über die Vereinigung „Slow Food“ habe ich Genussbegeisterte und Köche kennengelernt, deren Erinnerungen an Kindheitsgerichte ebenfalls in dieses Kochbuch eingeflossen sind. Der Band legt einen Schwerpunkt auf traditionelle Rezepturen, die bis heute zum lebendigen Küchenschatz gehören. Er zeigt aber darüber hinaus auch, wie Genuss-Menschen in der Region mit frischen heimischen Zutaten bis heute kochen.

Alle Klassiker treffen durch kleine Variationen noch immer den Zeitgeist und Geschmack einer aromatischen, unverfälschten Landküche mit einfachen Zutaten.

In meiner Fotoküche habe ich die zusammengestellten Rezepte ausprobiert und in Szene gesetzt.

Welche Spezialitäten von „Bibbelschesbohnesupp bis Zwiwweltunk“ man kennen muss, verrät Ihnen das „Who is who“ der Küchenklassiker. Welche typischen Produkte die Region bereithält, erfahren Sie jeweils in einer Einführung zu den einzelnen Kapiteln. Ausflüge in den Bauerngarten, die saarländische Esskultur und das kulinarische Brauchtum sowie praktische Tipps runden den Band ab.

Sie haben nun Appetit bekommen?

Viel Freude beim Nachkochen, Schmökern und Genießen wünscht

TYPISCH SAARLAND!

Das Who is Who der Saarländischen Küche von A-Z

Appeldatsch – ein flacher Apfelkuchen aus Hefeteig

Bibbelschesbohnesupp (auch Biebelsches-Bohnesupp) – eine Bohnensuppe mit geschnippelten („Bibbelsches“= Schnippelchen) grünen Bohnen. Man reicht sie traditionell mit Quetsche- oder Reibekuchen.

Bettseicher-/Bettsejersalat – Löwenzahnsalat; da seine Bitterstoffe harntreibend und entwässernd sind – nennt man ihn wörtlich übersetzt „Bettnässersalat“.

Budeng – Blutpudding, Blutwurst

Dibbehas (Schreibweise auch mit pp) – Hasenbraten oder Hasenkeule nach französischem Vorbild im gusseisernen Topf („Dibbe“) geschmort.

Dibblabbes (Schreibweise auch mit pp) – ein Kartoffelteig („Labbes“ von labberig) – der im Dibbe („Topf“) knusprig angebraten wird.

Dürrfleisch – Dörr- oder Trockenfleisch, gemeint ist meistens geräucherter durchwachsener Bauchspeck.

Eierschmeer – Eierschmier war in früheren Zeiten ein günstiger und beliebter Brotaufstrich aus Eiern, Milch und Speck.

Eselsohren – Verwandte der Armen Ritter

Gefillde – „gefüllte Klöße“ haben denselben Teig wie „Hoorische“, sie werden jedoch mit einer Masse aus Hackfleisch oder grober Leberwurst gefüllt.

Ge- oder Verheiratete – Mehlköße mit gekochten Kartoffeln und Specksoße

Gelleriewen, Gelbrüben, Mourten – regionale Bezeichnungen für Möhren, Karotten

Geschiedene – Mehlklöße ohne Kartoffelbeilage

Grumbeer, Grumber(d)e, Grumpe – übersetzt ins Hochdeutsche meint der Saarländer mit „Krummbirne“ die Kartoffel

Hartschmeer – Zuckerrübensirup; viele Saarländer kennen das Rübenkraut auch unter dem Marken-Namen „Fenner Harz“, welches in früheren Zeiten im Völklinger Stadtteil Fenne produziert wurde.

Hoorische (Knepp) sind längliche Kartoffelklöße, die mit rohen geriebenen Kartoffeln bereitet werden. Die Kartoffelspäne erinnern dabei ein wenig an Haare oder Haariges („Hoor(isch)“). Auch als Grumbeer-, Buwespatze/-spitzle oder Stracke/Schdragge sind die länglichen Kartoffelklöße bekannt.

Hundsärschschmeer – Mispelgelee; den Saarländer erinnern die Wildfrüchte an das Hinterteil eines Hundes.

Kaerscheplotzer – ein Auflauf aus altbackenem Weißbrot und Kirschen; ein Plotz ist ein weckähnlicher Weißbrotlaib und „Kaersche“ sind Kirschen.

Kappes – Weißkohl, den man in früheren Zeiten gerne für den Wintervorrat mit etwas Salz in ein Fass einstampfte und zu Sauerkraut vergären ließ.

Kappestiertes – Sauerkraut-Kartoffelstampf; der Wortbestandteil „tiertes“ ist scheinbar vom Französischen Verb „tirer“ (= ziehen) entlehnt und meint, dass das Gemüse durch den Kartoffelstampf gezogen wird.

K(a)erschdscher – heißt wörtlich Krüstchen, gemeint sind aber Bratkartoffeln; denn diese werden im Saarland in Würfel geschnitten und ringsum knusprig angebraten.

Kicheler, Kieschelscher – (Pfann-)Küchlein, eigentlich kleines Kügelchen; auch kleine Klöße werden so genannt.

Knepp – heißt übersetzt Knopf und meint alle kleinen Teigklöße, die etwas größeren sind „(Schnee-)Bälljer", also Bällchen.

Lattwerg, Lachsem – Pflaumenmus, auch Birnenmus wird zuweilen als Lattwerg bezeichnet.

Lyoner – der Lyoner (in der saarländischen Mundart männlich) ist die berühmte Fleischwurst in der charakteristischen Ringform, die man kalt und warm isst. Die mit frischem Knoblauch und frischer Zwiebel gewürzte, geräucherte Brühwurst im Naturdarm gilt als Liebling des Saarländers und durfte früher bei keinem Bergmannsfrühstück fehlen. Die aus gepökeltem Schweine- und Rindfleisch hergestellte Wurst stammt ursprünglich aus dem französischen Lyon.

Mausohrsalat – die rundlichen Blätter des Feldsalats erinnern an Mäuseohren

Mehlknepp(cher) – Klöße, die nicht mit Kartoffeln, sondern ausschließlich aus Mehl bereitet werden

Mourtenspeis – Möhren-Kartoffelstampf

Quetschekuchen – Zwetschgenkuchen

Riwwele – meint „zwischen den Händen zerreiben", oft dienten Teigstreusel als Suppeneinlage oder als Auflage für Kuchen.

Schweinskäs(e), Fleischkäs(e) – beide Wurstsorten haben neben Lyoner und Schwartenmagen im Saarland eine lange Tradition.

Schwenken – der Saarländer grillt sein Fleisch nicht, sondern er „schwenkt" es. Dafür nutzt er traditionell einen gusseisernen Schwenkgrill.

Stubberte, Stubbernden – ganz einfach gemachte Kartoffelklöße, die man aus gekochten gestampften Salzkartoffeln, etwas Mehl, Salz, Wasser und Ei bereitet. Der Teig wird einfach nur mit dem Löffel abgestochen und in der Pfanne geschmelzt.

Viez – ein säurebetonter Apfelwein mit fünf bis sechs Prozent Alkoholgehalt, der besonders rund um Merzig eine lange Geschichte hat. Sein Name stammt vom lateinischen Wort „vice vinum" (= Stellvertreter des Weins) ab.

Wähle – Waldbeeren

Weck – Brötchen

Zwiwweltunk – eine Soße aus Zwiebeln, in die man gerne Pellkartoffeln tunkt

AUS DEM BAUERNGARTEN

AUFSTRICHE, SALATE UND EINGELEGTES

Gutes aus Mutter Natur

Der Saarländer war noch bis in die 1970er-Jahre ein Selbstversorger. Sowohl die ländliche Bevölkerung als auch die Arbeiter in den Kohlehalden und Fabriken bewirtschafteten einen eigenen Gemüsegarten, der mit Blumen, Kräuterbeet und Streuobstwiese einen Zier- und Nutzgarten gleichermaßen darstellte.

Zier- und Nutzgarten

Nach getaner Feld- und Schicht-Arbeit baute man hinter dem Haus oder auf einer Mietparzelle Kartoffeln, Kohl, Bohnen und Salat für den eigenen Bedarf an. Auch die Hausfrau verbrachte viele Stunden ihres Arbeitstages mit der Gartenpflege und Ernte. Wenn es im Frühjahr noch kein Gartengemüse gab, ging man auch gerne Wildkräuter sammeln. Besonders beliebt ist bis heute Löwenzahn, aus dem man den bekannten Bettseichersalat herstellt.

Ernte-Überschüsse für den Wintervorrat

In ihrer Küche verarbeitete die Hausfrau vieles tagesfrisch und kochte zudem Ernte-Überschüsse für den Wintervorrat ein. Während man dicke Bohnen einfach trocknen konnte, stampfte man Weißkohl im Herbst mit etwas Salz in große Fässer ein und ließ ihn zu Sauerkraut vergären. Die ganze Familie war in das Geschehen eingebunden und mit frisch gewaschenen Füßen wurde um die Wette gestampft.

Spezialitäten aus Hundsärsch und Quetsche

Im Bauern- oder Arbeitergarten gab es auch einen kleinen Bestand an Beeren- und Kernobst, dessen Ertrag man ebenso für die kalte Jahreszeit einmachte. Neben Erdbeeren, Johannisbeeren, Stachelbeeren, Kirschen, Mirabellen, Pflaumen (Quetsche), Äpfeln, Birnen und Quitten erfreuten sich auch Walnüsse und Mispeln großer Beliebtheit. Letztere erinnern den Saarländer an das Hinterteil von Hunden und heißen im Volksmund „Hundsärsch". Hundsärsch- und Quetsche-Schmeer zählen bis heute zu den süßen Aufstrich-Spezialitäten des Saarlands.

Wer heute einen typischen Bauerngarten sucht, der gleichzeitig Zier- und Nutzgarten ist, findet ihn nur noch bei ambitionierten Hobbygärtnern, an der Bettinger Mühle in Schmelz, wo der Verband der Gartenbauvereine Saarland/ Rheinland-Pfalz e.V. einen bäuerlichen Lehr- und Schaugarten bewirtschaftet, oder im Museum Haus Saargau in Wallerfangen-Giesingen.
(www.gaerten-ohne-grenzen.de)

BETTSEICHERSALAT

für 4 Personen

Zutaten

500 g Löwenzahn
150 g fein gewürfeltes Dürrfleisch
4 hart gekochte Eier

Für die Marinade
4 EL milder Weinessig
8 EL Rapsöl
etwas Honig und Senf
Salz und Pfeffer
eine fein geschnittene Zwiebel, nach Geschmack auch eine zerdrückte Knoblauchzehe

Zubereitung

Salat verlesen, waschen und trocken tupfen. Die Eier pellen und in Achtel schneiden. Die Zutaten für die Marinade verrühren und durchziehen lassen.
Die Dürrfleischwürfel kurz vor dem Servieren in einer Pfanne knusprig braten. Alles zusammen portionsweise auf Tellern anrichten und mit Bratkartoffeln servieren.

Gut zu wissen!

Da Löwenzahn harntreibend ist, bekam er im Saarland den Namen „Bettseicher-Salat“. Nach ähnlichem Rezept ist auch ein „Stiele-Salat“ aus klein geschnittenen, gedünsteten Mangold-Stielen bekannt.

TIPP

Weitere Wildkräuter wie die jungen Blätter von Gänseblümchen, Brennnessel und Huflattich kann man ebenfalls gut als Salat bereiten. Auch in einer Variante mit gekochten Kartoffeln und hartgekochtem Ei kennt man den Bettseichersalat.

HAUSMACHER GRIEBENSCHMALZ

für ein Glas à 250 ml

Zutaten

200 g Griebenschmalz oder
125 g Gänseflomen, 65 g Schweineschmalz und 50 g durchwachsene Speckwürfel
½ fein gewürfelte Zwiebel
Salz
nach Geschmack frischer oder getrockneter Majoran

Zubereitung

2 EL Schmalz in einem Topf erhitzen. Die Zwiebel- und Speckwürfel darin dünsten. Den Rest Schmalz zugeben. Alles bei schwacher Hitze ein paar Minuten ziehen lassen. Mit Salz und Majoran abschmecken. Die Masse abkühlen lassen und in ein Schraubglas oder eine Servierschale füllen. Dazu passt ein deftiges Steinofenbrot.

Gut zu wissen!

In der Bauernapotheke sind Zwiebeln ein wichtiges Heilmittel. So bereitete man früher aus Zwiebeln einen Hustensirup. Bei Ohrenschmerzen griff man zur Zwiebelpackung.

TIPP

Gekühlt hält sich das Schmalz über mehrere Wochen im Kühlschrank. Im Winter lassen sich mit dem Schmalz Eintöpfe und Fleischgerichte verfeinern.

APFELROTKOHLSALAT

für 4 Personen

Zutaten

½ Rotkohl
2 süß-säuerlich schmeckende Äpfel (z.B. Elstar oder Rubinette)
6 EL Rapsöl
2 EL Kräuter- oder Weißweinessig
Salz, Pfeffer, Zucker
gehackte Zwiebel oder Lauchzwiebeln nach Geschmack

Gut zu wissen!

Auch fermentiert schmeckt der Rotkohlsalat prima. Man vermengt den fein geriebenen Kohl mit 1,5 TL Salz und knetet ihn – bis Saft austritt. Eine fein geriebene Zwiebel, einen geriebenen Apfel und Gewürze zugeben und das Ganze in saubere Gläser füllen. Man gießt mit dem Rotkohlsaft oder mit etwas Wasser bis einen Fingerbreit unter den Glasansatz auf und lässt den Salat für drei Tage bei Zimmertemperatur gären. Im Anschluss Gläser verschließen und bis zum Verzehr im Kühlschrank aufheben.

TIPP

Für ein Apfelrotkohlgemüse die doppelte Menge der Zutaten einfach etwas Schmalz andünsten und unter Zugabe von Wasser oder Apfelsaft garen. Mit etwas Speisestärke oder Apfelkompott binden. Als Gewürze passen gut Nelken, Lorbeer, Zimt und Wacholderbeeren.

Zubereitung

Den halben Kohlkopf putzen. Dafür äußere Blätter sowie harte Rippen entfernen, vierteln und Strunk rausschneiden. Den Kohl mit einem großen Gemüsemesser in ca. fünf Millimeter breite Streifen schneiden. Mit einem Kartoffelstampfer die Kohlstreifen etwas anstampfen, bis Saft austritt. Der Kohl wird so weicher und bekömmlicher. Aus Rapsöl, Essig, Salz, Pfeffer und Zucker eine Marinade rühren. Nach Geschmack noch eine gehackte Zwiebel oder Lauchzwiebel dazugeben. Die Marinade über den Kohl gießen und gut durchmengen. Die Äpfel schälen, reiben oder in kleine Stückchen schneiden und unterheben. Vor dem Servieren den Salat etwas durchziehen lassen.

WACHSBOHNENSALAT

für 4 Personen

Zutaten

1 kg frische Wachsbohnen
6 EL Sonnenblumenöl
3 EL Kräuteressig
Salz, Pfeffer, Zucker
frisches oder getrocknetes Bohnenkraut
1 Zwiebel

Zubereitung

Die Bohnen waschen, abfädeln und in Stücke schneiden. In etwas Salzwasser gar dünsten und abschütten. Aus Öl, Essig, Salz, Pfeffer und Zucker eine Vinaigrette rühren. Bohnenkraut und gehackte Zwiebel der Vinaigrette zugeben. Die abgekühlten Bohnen mit der Vinaigrette durchmengen.

Gut zu wissen!

Die Wachsbohne ist eine besonders zarte Variante der grünen Bohne. Sie hat von Juli bis September Saison. Im Saarland genießt man Wachsbohnen auch gerne als Bohnengemüse namens „Schüsselbohnen". Die gar gekochten Bohnen werden in etwas gewürfeltem Dürrfleisch und glasig gedünsteten Zwiebelwürfeln geschwenkt. Im Anschluss bindet man etwas Mehl mit einem Teil des aufgefangenen Kochwassers und fügt Milch oder Sahne hinzu. Das Bohnengemüse schichtet man abwechselnd mit Kartoffelscheiben in eine Schüssel und reicht dazu Mett- oder Bratwurst.

TIPP

Der Bohnensalat ist – in Bügelgläsern serviert – fürs Picknick und Grillbuffet eine schöne Bereicherung.

CHICORÉESALAT

für 4 Personen

Zutaten

4 Stauden Chicorée
2 hart gekochte Eier
nach Geschmack 100 g
gewürfelter Gouda

Für die Marinade
4 EL Raps- oder Sonnenblumenöl
4 EL milder Weißweinessig
1 fein geschnittene Zwiebel
Salz, Pfeffer, Zucker

Zubereitung

Den Salat putzen, waschen und abtrocknen. Die einzelnen Stauden halbieren und den bitteren Strunk herausdrehen. Die Hälften dann in dünne Streifen schneiden und in eine Schüssel geben. Die Zutaten für die Marinade glatt rühren und über den Salat geben. Zusammen mit den gehackten oder in Viertel geschnittenen Eiern und den Käsewürfeln vermengen.

Gut zu wissen!

Wenn Chicorée sehr bitter ist, kann man die aufgeschnittenen Stauden eine halbe Stunde in lauwarmes Wasser einlegen.

TIPP

Gut zum Chicorée passen auch heimischer Schafs- und Ziegenkäse. Der Salat lässt sich ebenso mit gerösteten Brotwürfeln, die der Saarländer „Kracherle" nennt, aufpeppen.

WARMER KARTOFFELSALAT

für 4–6 Personen

Zutaten

1 kg festkochende Kartoffeln
(z.B. Annabelle oder Cilena)
80 g gewürfeltes Dürrfleisch
1 Zwiebel
6 EL Kräuter- oder Weinessig
6 EL Öl
1 kleine Tasse heiße Brühe
1 TL Senf
Salz, Pfeffer, frische gehackte Kräuter

Zubereitung

Kartoffeln kochen und pellen. Noch warm in Scheiben schneiden. Die Speck- und die Zwiebelwürfel in einer Pfanne auslassen und die heiße Brühe, den Essig und das Öl zugeben. Dann die Marinade über die Kartoffelscheiben geben und gut durchmengen. Den Kartoffelsalat mit Salz, Pfeffer, Senf und frischen gehackten Kräutern abschmecken.

Gut zu wissen!

Der Kartoffelsalat ist eine leckere Beilage zu gebratenem Fisch oder hausgemachtem Fleischkäse oder Sülze (siehe Seite 54 f.).

TIPP

Nach Vorliebe den Kartoffelsalat mit Radieschen oder mit hart gekochten Eiern verfeinern.

EINGELEGTE GURKEN

für ca. 10 Gläser

Zutaten

2,5 kg Einlegegurken
(mittlere bis kleine Größe)
Salzwasser
(100 g Salz mit Wasser aufgießen)
80 g weiße Pfefferkörner
2 Bund Dill und Dillblüten
4 Lorbeerblätter
100 g kleine Zwiebeln
800 ml Weinessig (5 % Säure)
2 EL Salz
400 g Zucker

Zubereitung

Die Gurken waschen und abbürsten. Die Gurken über Nacht vollständig bedeckt in Salzwasser liegen lassen, danach abspülen und abtrocknen. Die Zwiebeln schälen und mit den Gurken in einen Steintopf oder Schraubgläser geben. Weinessig mit einem Liter Wasser, den Gewürzen sowie Salz und Zucker aufkochen. Den heißen Sud über die Gurken gießen, sodass diese vollständig bedeckt sind und sofort verschließen. Den Topf oder die Gläser kühl und dunkel lagern. Sie sind 6–12 Monate haltbar. Vor dem Verzehr sollten die Gurken gute vier Wochen durchziehen.

TIPP

Das Rezept eignet sich auch zum Einlegen von Gurkenscheiben. Größere Landgurken nach Belieben schälen und in Scheiben schneiden. Diese mit Salz bestreuen und 20 Minuten in Wasser ziehen lassen. Das Wasser abgießen und weiter verfahren wie oben beschrieben.

FLEISCHSALAT MIT LYONER

für 6–8 Personen

Zutaten

2 Ringe Lyoner Fleischwurst
wahlweise zusätzlich 4 hart gekochte Eier
1 Glas Gewürzgurken samt Gewürzaufguss
6 EL Mayonnaise
6 EL Joghurt oder Schmand
Salz, Pfeffer
nach Geschmack fein gehackte Petersilie oder Schnittlauch

Zubereitung

Die Haut der Lyoner abziehen und die Fleischwürste in kleine Würfel oder feine kleine Streifen schneiden. Die Gewürzgurken auf einem Sieb abtropfen lassen, den Sud dabei auffangen. Die Gurken und die gepellten Eier ebenfalls in kleine Würfel oder Scheiben schneiden. Aus der Mayonnaise, dem Joghurt und der Gurkenbrühe eine Salatsoße rühren. Mit Salz und Pfeffer abschmecken und mit den Fleischwurst- und Gurkenwürfeln mischen. Mit gehackter Petersilie oder Schnittlauch dekorieren.

Gut zu wissen!

Das Rezept für den Lyoner Fleischsalat kennt man auch mit Rindfleisch. Man gibt statt der zweiten Lyoner Fleischwurst und der Eier 500 g gegartes Suppenfleisch oder Reste von einem Braten mit in den Salat.

TIPP

Mit knusprigen Bratkartoffeln, den typischen Kerschdscher, servieren.

MAUSOHRSALAT
(FELDSALAT)

für 4 Personen

Zutaten

250 g Feldsalat

Für die Marinade
2 gekochte und zerdrückte Kartoffeln
250 ml Gemüsebrühe
1 fein geschnittene Zwiebel
4 EL Raps- oder Sonnenblumenöl
Salz, Pfeffer, Zucker

Zubereitung

Den Salat verlesen, vorsichtig waschen und trocken schütteln. Aus den angegebenen Zutaten eine Marinade rühren und kurz vor dem Servieren unter den Salat mengen.

Gut zu wissen!

Den Saarländer erinnern die runden kleinen Blättchen des Feldsalats an Mäuseohren.

TIPP

Auch mit Saure-Sahne-Dressing schmeckt der Mausohrsalat. Für das Saure-Sahne-Dressing statt Rapsöl 100 g Sahne und etwas Zitronensaft zugeben.

MIRABELLENCHUTNEY

für ca. 4 Gläser à 220 ml

Zutaten

1,5 kg Mirabellen
(entsteint und gewogen)
2 Gemüsezwiebeln
1 Knoblauchzehe
1 Chilischote
(entkernt und fein gewürfelt)
250 g brauner Zucker
Salz und Pfeffer
100 ml Balsamessig
Etwas Zitronensaft
1 EL Öl

Zubereitung

Zwiebeln schälen und fein würfeln, Knoblauchzehe enthäuten und ebenfalls fein würfeln. Öl in einem großen Topf erhitzen und Zwiebeln und Knoblauchzehe darin glasig dünsten. Die vorbereiteten Früchte dazugeben und ein wenig Wasser angießen. Die Früchte ankochen und sukzessive die übrigen Zutaten zugeben. Das Chutney unter gelegentlichem Rühren gut bis zu drei Stunden einköcheln lassen. Gegebenenfalls zwischendurch etwas Wasser zugießen, damit es nicht anbrennt. Am Ende sollte es jedoch eine musige Konsistenz aufweisen. Heiß in saubere Schraubgläser abfüllen und kühl aufbewahren.

Gut zu wissen!

Im Jahr 2018 wurde die Mirabellensorte „Nancy“ vom Arbeitskreis Obstsorten im Verband der Gartenbauvereine Saarland/Rheinland-Pfalz zur Streuobstsorte des Jahres gewählt. Die Sorte kam im 15. Jahrhundert nach Frankreich und ist seit Mitte des 18. Jahrhunderts auch in Deutschland führend. Im August haben Mirabellen Saison und eignen sich für Obstbrand, Konfitüre, Gelee, Kuchen, Kompott und Chutney.

TIPP

Das Chutney schmeckt besonders fein zu Käseplatten oder überbackenem Ziegenkäse. Letzterer hat als Handkäse von Ziegenmilch eine lange Tradition im Saarland. In der Grillsaison passt es vorzüglich zu Fleisch vom Schwenkrost.

ZWIWWELSCHMEER

für 2–3 Personen

Zutaten

4 große Zwiebeln
300 g Hackfleisch
250 ml Brühe
200 g grobe Leberwurst
Salz, Pfeffer, Majoran
Öl

Zubereitung

Etwas Öl in eine Pfanne geben und das Hackfleisch darin krümelig braten. Die Zwiebeln häuten und auf Würfel schneiden und mitbraten. Sobald die Zwiebeln glasig sind, löscht man mit der Brühe ab und gibt die Leberwurst und die Gewürze dazu. Alles einköcheln lassen, bis eine homogene Masse entsteht.

Gut zu wissen!

Auch Zwiwweltunk ist im Saarland sehr beliebt. Hierfür nimmt man 2 große Zwiebeln und 500 g grobe Leberwurst. Die gehackten Zwiebeln werden in der Pfanne in etwas Öl glasig gedünstet und anschließend unter die Leberwurstmasse gehoben. Mit Salz und Pfeffer abschmecken und ebenfalls zu Brot servieren.

TIPP

Zu einer deftigen Brotzeit servieren.

HERINGSSALAT MIT ROTE BETE

für 4 Personen

Zutaten

400 g Heringsfilets (küchenfertig)
200 g Kartoffeln
100 g Gewürzgurken aus dem Glas
100 g rote Beete aus dem Glas
1 Apfel
Für die Marinade
2 EL Mayonnaise
200 ml saure Sahne
3 EL Weinessig
1 kleine gehackte Zwiebel
frisch gehackte Kräuter (Petersilie und Dill)
Salz, Pfeffer, Zucker

TIPP

Mancherorts gibt man auch 200 g gekochten Kalbs- oder Rinderbraten und 2 klein geschnittene, hart gekochte Eier mit in den Salat.

Gut zu wissen!

In früheren Zeiten nahm man für den Salat-Klassiker natürlich keine fertigen Heringsfilets, sondern erwarb beim Kaufmann vor Ort ganze eingelegte Salzheringe. Die musste man natürlich noch selber ausnehmen. Da man nichts verkommen ließ, kam wie selbstverständlich auch die Samenflüssigkeit des Milchners (männlicher geschlechtsreifer Fisch) mit in die Salatsauce, was dem Salat eine besondere Sämigkeit geben sollte.

Zubereitung

Die Heringsfilets über Nacht wässern und am nächsten Tag abtupfen. Die Zutaten für den Salat in kleine Würfel schneiden und in eine Schüssel geben. Die Zutaten für die Marinade miteinander verrühren und über den Salat geben. Diesen gut durchmengen und vor dem Servieren einige Stunden oder besser über Nacht durchziehen lassen.

VOM LIEBEN FEDERVIEH
SPEISEN RUND UMS EI

Eierschmeer, Speckwaffeln und Eselsohren

Neben deftigen Kartoffelgerichten hat die Saarländer Küche zahlreiche Mehl- und Eierspeisen zu bieten. Eier waren in früheren Zeiten – genau wie Kartoffeln – ein nahrhaftes Lebensmittel, das fast immer verfügbar war. Im besten Falle hatte man selbst Hühner oder kannte jemanden um die Ecke, der Eier verkaufte oder sie gegen andere Waren bereit war einzutauschen.

Günstiges für „aufs Brot“

Früher konnte man sich den Einkauf beim Metzger oder beim Direktvermarkter nur selten leisten. Man musste also zusehen, wie man auch mit wenig Wurst über den Monat kam. Eier waren da eine willkommene Möglichkeit! Eine Pfanne mit Eierschmeer, einer Art Rührei mit Dürrfleisch oder Kräutern, oder ein Schnittlauchsalat mit hart gekochten Eiern, brachte eine Familie schon mal wieder eine Mahlzeit weiter.

Brot- und Kartoffelersatz

Etwas Abwechslung auf den Teller, bei der man außerdem Brot und Kartoffeln sparte, brachten auch Eierkuchen oder Obstpfannkuchen. Ebenso waren Speckwaffeln eine feine Angelegenheit – die auch hervorragend zu einem Feierabend-Bier passten.

Arme Ritter, Eselsohren und Bettelmann

Wenn mal Brot altbacken und hart wurde, war das noch lange kein Grund es wegzuwerfen. Brot- oder Weckscheiben wurden in eine Eiermilch getaucht und in etwas Fett knusprig ausgebacken. Die „Armen Ritter“ oder „Eselsohren“ bestrich man mit Zimtzucker oder Rübenkraut, und das schmeckte besonders den Kindern. Auch als „Bettelmann“ mit Apfelscheiben oder als „Kaerscheplotzer“ mit Kirschen und Mandeln schichtete man altbackenes Brot in eine Auflaufform, übergoss es mit Eiermilch und servierte es überbacken mit einer Vanillesoße.

GRÜNE EIERKUCHEN

für 4 Personen

Zutaten

3 Eier
250 ml Milch
250 g Mehl
Salz, Pfeffer, Muskat
Fett zum Ausbacken
gedünstetes Gemüse und Kräuter der Saison

Zubereitung

Eier, Milch und Mehl zu einem glatten Teig verrühren. Mit Gewürzen und Schnittlauch abschmecken. Den Teig rund 20 Minuten ruhen lassen. Dann in einer gefetteten Pfanne portionsweise die Eierkuchen ausbacken, bis sie von beiden Seiten goldbraun sind. Mit dem vorbereiteten Gemüse füllen und aufrollen. Nach Gusto mit zwei Schnittlauchstängeln zubinden. Die Kuchen bis zum Servieren warm stellen.

Gut zu wissen!

Auch als einfache Suppeneinlage eignen sich grüne Eierkuchen. Wenn noch ein Eierkuchen vom Vortag übrig ist, diesen einfach in schmale Streifen schneiden und in eine klare Gemüse- oder Fleisch-Brühe geben.

TIPP

Dazu schmeckt auch eine Speckrahmsoße. Ein Rezept hierfür finden Sie auf Seite 71 im Kapitel über Kartoffeln und Beilagen.

SCHNITTLAUCHSALAT

für 4 Personen

Zutaten

10 hart gekochte Eier
1 Bund Schnittlauch
½ Zwiebel
200 ml Mayonnaise
2 EL Senf
milder Weißweinessig oder Gurkenbrühe
etwas Wasser oder Milch
Salz, Pfeffer

Zubereitung

Den Schnittlauch waschen, trocken schütteln und in feine Ringe schneiden. Die Eier pellen und würfeln. Die Zwiebel fein hacken. Aus der Mayonnaise, dem Senf und dem Essig eine Salatsoße rühren, mit etwas Wasser oder Milch flüssiger machen, mit Salz und Pfeffer abschmecken. Dann die Schnittlauchröllchen und die Eier untermengen. Etwas durchziehen lassen und mit Brot oder Bratkartoffeln, den typischen Kerschdscher, servieren.

Gut zu wissen!

Hart gekochte Eier benötigen im Schnitt 8–10 Minuten. Man rechnet ab der Kochzeit des Wassers.

TIPP

Zu einer deftigen Brotzeit servieren.

OBSTPFANNKUCHEN

für 4 Personen

Zutaten

250 g Mehl
250 g Milch
2 große Eier
1 EL Zucker
eine Prise Salz
je nach Saison: klein geschnittene Rhabarber- oder Apfelstücke, Beeren- oder Steinobst
Fett zum Ausbacken
Puderzucker oder Rübenkraut

Zubereitung

Mehl, Milch, Eier, Zucker und Salz zu einem geschmeidigen Teig verrühren. Den Teig etwas ruhen lassen. Eine Pfanne mit Fett erhitzen. Den Teig portionsweise zu Küchlein verarbeiten. Dabei das vorbereitete Obst auf die Küchlein geben und diese von beiden Seiten goldgelb backen und mit Puderzucker oder – wenn man kein Obst hat – mit Rübenkraut servieren.

Gut zu wissen!

Früher wurden Obst- oder auch Speck- und Hefepfannkuchen mittags und abends anstatt Fleisch oder Brot zu einer Suppe gereicht. Besonders beliebt für die Küchlein sind bis heute Küchlein mit Wähe (Waldbeeren) oder auch im Frühjahr in Eischnee-Teig ausgebackene Holunder- oder Akazienblüten.

TIPP

Wer die Küchlein gerne fluffiger mag, trennt die Eier und hebt kurz vor dem Backen Eischnee unter den Teig. Die Mehlmenge kann dann etwas reduziert werden. Für Hefepfannküchlein („Ki(e)scheler“) löst man 10 g frische Hefe auf und gibt sie mit unter den Teig.

ESELSOHREN
(ARME RITTER)

für 2–3 Personen

Zutaten

3 altbackene Brötchen
1 EL Zucker
125 ml Milch
1 Ei
100 g Paniermehl
Butterschmalz oder Öl zum Ausbacken

Zubereitung

Die Brötchen in Scheiben schneiden, Zucker und Milch miteinander verrühren und die Brötchen darin einweichen. Das Ei auf einem tiefen Teller verquirlen. Die Brötchenscheiben aus der Milch nehmen und zuerst in Ei, dann in Paniermehl wenden. Die Eselsohren in einer Pfanne mit heißem Fett von beiden Seiten knusprig ausbacken.

Gut zu wissen!

Für Arme Ritter, eine Variante der Eselsohren, taucht man Brotscheiben in Eiermilch. Hierfür nimmt man 250 ml Milch und 2 Eier. Im Anschluss werden sie direkt in heißem Fett goldbraun ausgebacken. Weitere bekannte Restegerichte aus Brot sind die Weckschnitten (in heißem Wasser weich gemachte Weckscheiben, die durch Pfannkuchenteig gezogen werden), Weckpudding mit Weinsoße (der Brötchen-Eierteig wird in einer Puddingform im Wasserbad gekocht) und Weckkratzerte mit Dürrobst (die eingeweichte Brötchenscheiben-Eimasse wird im Ganzen in der Pfanne ausgebacken und mit dem Pfannenwender zerpflückt).

TIPP

Mit Obstkompott, Hartschmeer, Lattwerg oder Zimtzucker servieren.

SAARBRÜCKER SPECKKUCHEN

für 1 Blech

Zutaten

Für den Hefeteig
500 g Mehl
40 g Hefe
1 TL Zucker
125 ml warme Milch
80 g geschmolzene Butter
1 Ei
1 TL Salz

Für den Belag
375 g gewürfeltes Dürrfleisch
2 Eigelbe
4 TL Kümmel
1 EL grobes Salz
Öl oder Backpapier für das Blech

Zubereitung

Das Mehl in eine Schüssel geben, eine Mulde ziehen und die Hefe mit dem Zucker hineinbröseln. Hefe und Zucker in der Mulde mit angewärmter Milch zu einem Hefeansatz verrühren. Diesen an einem warmen Ort gehen lassen, bis sich Blasen gebildet haben. Dann die geschmolzene Butter, das Ei und Salz zugeben und alles zu einem homogenen Teig kneten. Diesen abermals an einem warmen Ort gehen lassen, bis er sich um ein Drittel vergrößert hat. Nun den Teig ausrollen und auf ein gefettetes oder mit Backpapier ausgelegtes Blech legen. Die Teigoberfläche mit Eigelb bestreichen und das Dürrfleisch auf dem Teig verteilen. Kümmel und Salz ebenfalls über den Teig geben. Den Speckkuchen bei 180 Grad Celsius Ober-Unterhitze goldbraun backen.

Gut zu wissen!

Auch Saarbrücker Fleischpastete, eine Farce aus mariniertem Schweinekamm-, Kalb- und Rinderstückchen mit Bratwurst und saurer Sahne, die in einen Hefeteig eingeschlagen wird, oder Elsässer Flammkuchen sind im Saarland sehr beliebt. Denn seit dem 17. Jahrhundert wechselte das Elsass gleich mehrfach seine politische Zugehörigkeit. Mal gehörte es zum Deutschen Reich, mal zu Frankreich.

TIPP

Saarbrücker Speckkuchen serviert man warm zu Wein oder Federweißem. Auch ein Salat passt dazu vorzüglich.

ZWIEBELKUCHEN

für 1 Springform à 26 cm Durchmesser

Zutaten

125 g Butter
200 g Mehl
3–4 EL Wasser
1 Prise Salz
500 g Zwiebeln
150 g Champignons
200 g gewürfeltes Dürrfleisch
200 g gewürfelter gekochter Schinken
125 ml saure Sahne
150 g Emmentaler
2 Eier
Salz, Pfeffer, gemahlener Kümmel
Fett für die Springform

TIPP

Mit einem Salat und einem Glas Wein oder Federweißen servieren.

Gut zu wissen!

Sehr bekannt ist ebenfalls der Saarbrücker Lyonerkuchen. Die Rezeptur ist im Grunde ähnlich. Statt der Pilze und des Dürrfleischs kommen Würfel von einer Ring-Lyoner in die Auflage.
Nach Geschmack können Sie für die herzhaften Kuchen auch einen Hefeteig wie auf S. 30 zubereiten.

Zubereitung

Aus dem Mehl, 100 Gramm Butter, der Prise Salz und 3–4 EL Wasser einen Teig kneten. Diesen eine gute Stunde an einem kühlen Ort ruhen lassen. In der Zwischenzeit die Zwiebeln schälen und in Ringe schneiden, die Champignons putzen, waschen und in Scheiben schneiden. Zwiebeln in der restlichen Butter anschwitzen. Den Backofen auf 180 Grad Ober-Unterhitze vorheizen. Eine Springform einfetten, den Mürbeteig ausrollen und in die Springform legen, an den Rändern etwas hochziehen. Zwiebeln mit Pilzen, Dürrfleisch und Schinken vermengen und auf dem Teig verteilen. Saure Sahne mit Käse und Eiern mischen. Die Masse würzen und über die Zwiebeln geben. Den Kuchen ca. 45 Minuten backen.

SAARLÄNDISCHER EIERSCHMEER

für 2–3 Personen

Zutaten

3 Eier
3 EL Mehl
100 g durchwachsene Dürrfleischwürfel
etwas Milch
Salz, Pfeffer, Muskat

Zubereitung

Die Dürrfleischwürfel in der Pfanne auslassen. Eier, Mehl und Gewürze mit etwas Milch verquirlen und über die gebratenen Würfel geben. Das Ei leicht stocken lassen und mit Brot servieren.

Gut zu wissen!

Der Eierschmeer war früher ein beliebter Brotaufstrich und schmeckte besonders gut als warmes Abendessen.

TIPP

Auch in vegetarischer Variante schmeckt der Eierschmeer mit fein gehackten Kräutern oder Pilzen. Wer es süß liebt, kann den Eierschmeer auch mit Zimt und Zucker abschmecken.

SPECK- ODER SCHINKENWAFFELN

für 12–15 Waffeln

Zutaten

1,5 kg Kartoffeln
1 Stange Lauch
6 Eier
150 g Mehl
Salz und Pfeffer
optional 15 g angerührte Hefe
12–15 Scheiben Dürrfleisch oder Rinderschinken
Fett für das Waffeleisen

Zubereitung

Die Kartoffeln schälen, waschen und gut abtropfen lassen. Den Lauch putzen, waschen und in feine Ringe schneiden. Alle Zutaten in einer großen Schüssel miteinander vermischen. Den Teig mit Salz und Pfeffer würzen. Ein eckiges Waffeleisen einfetten und die untere Seite mit einer Scheibe Schinkenspeck oder Rinderschinken belegen. Etwa einen EL Teig darübergeben und das Waffeleisen schließen. Sukzessive die übrigen Waffeln ausbacken und bis zum Verzehr warm stellen.

Gut zu wissen!

Im Ostertal, wo das Rezept herkommt, sind die Waffeln sogar ein Brotersatz für die Schichtarbeiter gewesen.

TIPP

Die herzhaften Waffeln isst man im Saarland zu Bibbelschesbohnesupp. Aber auch zu einem Salatteller schmecken sie vorzüglich.

KAERSCHEPLOTZER

für 4 Personen

Zutaten

1 kg frische oder eingemachte Kirschen
500 ml Milch
6 altbackene Brötchen oder Weißbrotscheiben
3 Eier
80 g weiche Butter
125 g Zucker
1 EL Zimt
eine Handvoll Mandelblättchen
Kirschwasser nach Geschmack

Zubereitung

Die frischen Kirschen waschen, entstielen und entkernen. Eingemachte Kirschen auf einem Sieb abtropfen lassen. Die Milch in einem Topf erhitzen und die Brötchen darin einweichen. Die Brötchen leicht ausdrücken und in eine Schüssel geben. Mit einer Gabel oder einem Stampfer die Brötchenmasse zerkleinern. Die Eier trennen und das Eiweiß aufschlagen. Weiche Butter, Zucker und Eigelb mit dem Handmixer schaumig schlagen und dann mit Zimt und Kirschwasser zu der Brötchenmasse geben. Die Kirschen, den Eischnee und die Mandelblättchen unterheben. Den Backofen auf 180° C Ober-Unterhitze vorheizen. Die Masse in eine ausgefettete Auflaufform geben und eine gute Dreiviertelstunde Stunde backen lassen.

Gut zu wissen!

Eine Variante des Kaerscheplotzers ist der Bettelmann. Dafür schichtet man Brotscheiben schuppenartig in eine Auflaufform. Man gibt Obstscheiben, zum Beispiel von Äpfeln, oder Kirschen dazu und übergießt das Ganze mit einer gesüßten Eiermilch. Mandelblätter und Rosinen streut man zum Schluss darüber und gibt einige Butterflöckchen obenauf. Diesen süßen Auflauf lässt man 30–40 Minuten bei 180° C backen und reicht ihn mit Vanillesauce. Optimale Resteverwertung!

TIPP

Den Kaerscheplotzer als süßes Hauptgericht oder Nachspeise warm mit Vanillesoße servieren.

EIERLIKÖRCREME

für eine 500-ml-Flasche

Zutaten

3 sehr frische Eigelbe
1 Päckchen Vanillezucker
100 g Puderzucker
200 ml Sahne
100 ml Korn oder Weinbrand

Zubereitung

Eigelbe, Vanillezucker und Puderzucker ca. 10 Minuten lang mit dem Handrührgerät auf höchster Stufe schaumig schlagen, die Sahne und den Korn langsam zugeben und weitere fünf bis zehn Minuten rühren. Den Likör in eine Flasche abfüllen und bis zum Verzehr im Kühlschrank aufbewahren.

Gut zu wissen!

Besonders frische Eier (Handelsbezeichnung „extra frische Eier“ oder „A Extra“) bieten meist nur Erzeuger aus nächster Nähe an.

TIPP

Selbst gemachter Eierlikör ist nicht nur ein schönes Mitbringsel für gute Freunde, sondern eignet sich auch zum Dekorieren von Desserts und süßen Pfannkuchen.

AUS EINEM TOPF
HERZHAFTE SUPPEN UND EINTÖPFE

Warmes und Gestampftes

Nicht nur im Winter erfreuten sich früher Suppen, Eintöpfe und Stampfgerichte großer Beliebtheit. Mangels Fertiggerichten waren die selbst gekochten Speisen aus einem Topf eine Mahlzeit, die man gut vorbereiten und zu einem späteren Zeitpunkt ohne Geschmackseinbußen wieder warm machen konnte. Sowohl die Bauern- als auch die Arbeiterfamilien schätzten Suppen und Eintöpfe daher sehr.

Selbst gekocht im Henkelmann statt fertig gekauft

Wenn die Kumpels „auf die Malooche" gingen – nahmen sie sich gerne etwas zum Aufwärmen im Henkelmann mit. Der Behälter aus Blech, der als „Döppen", „Düppen" oder „Mitchen" bekannt ist, konnte auf der Arbeit einfach in heißem Wasser erwärmt werden. Je nach Entfernung zum Betrieb – kamen auch die Frauen oder Kinder der Arbeiter und brachten mittags den bereits erwärmten Henkelmann vorbei.

Schmackhafte Gerichte aus eigener Produktion

Vor allem Eintöpfe aus Gemüsen wie Kartoffeln, Bohnen, Erbsen oder Kohl, die man selbst im Hausgarten zog, schätzt die Saarländische Küche bis heute. In früheren Zeiten hatte auch das Einstampfen von Sauerkraut und sauren Bohnen in großen Steintöpfen Tradition. Besonders der eingemachte Kappes war eine beliebte Zutat für Untereinander-Gerichte. Mit einer Speck-Mehlschwitze legiert, hob man das Sauerkraut unter eine Masse aus Stampfkartoffeln. Noch bekannter ist die „Mourtenspies", ein Stampf aus Kartoffeln und (gelben) Möhren. Die breiartigen Traditionsgerichte serviert man auch heute noch mit einer Bratwurst oder einer gebratenen Boudin noir.

Quer durch den Garten

Im Grunde genommen kochte man das ganze Jahr hindurch mit saisonalen Gemüsen aus dem eigenen Garten. Während man im Sommer eine „Quer-durch-den-Garten"-Suppe genoss, war im Herbst die Grumbeere-Supp mit Quetsche- oder Reibekuchen sehr beliebt. Darüber hinaus zählt die Bibbelschesbohnesupp zu den Saarländischen Nationalgerichten. Die Suppe mit den grünen Bohnen und Kartoffelstücken wird mit Suppengrün und Liebstöckel abgeschmeckt. In manchen Haushalten bindet man sie zum Schluss mit etwas Mehl. Auch hier darf der berühmte Zwetschgenkuchen als Beilage nicht fehlen!

BIBBELSCHESBOHNESUPP

für 4 Personen

Zutaten

1 kg grüne Bohnen
800 g Kartoffeln
1 Bund Suppengrün
optional 125 g magerer, gewürfelter Speck
Salz, Pfeffer, Muskat
1 Bund Bohnenkraut
1 Bund Petersilie
nach Geschmack: Mehl und saure Sahne zum Binden der Suppe
Essig

Zubereitung

Die Bohnen waschen, abfädeln und in gut 3 cm lange Stücke schneiden. Die Kartoffeln schälen, waschen und würfeln. Den Speck in einem großen Topf auslassen, die vorbereiteten und klein geschnittenen Suppengemüse und Kartoffeln zugeben, mit leicht gesalzenem Wasser aufgießen. Die Suppe gut 10 Minuten köcheln lassen und dann die Bohnen zugeben. Die Suppe nochmals bis zu 20 Minuten weiterköcheln lassen und mit Salz, Pfeffer und nach Geschmack auch etwas Essig abschmecken. Mancherorts bindet man die Suppe mit in saurer Sahne angerührtem Mehl.

Gut zu wissen!

Auch eine weiße Bohnensuppe mit Lammfleisch aus der Schulter und eine Weißkohl-Bohnensuppe mit Speck ist im Saarland bekannt.

TIPP

Die Suppe traditionell mit Quetschekuchen, Kartoffelwaffeln oder Reibekuchen genießen! Die Rezepte finden Sie ebenso in diesem Buch.

LINSENSUPPE

für 4 Personen

Zutaten

250 g Linsen
1 Bund Suppengrün
1 Zwiebel
500 g mehlig kochende Kartoffeln
100 g gewürfelter Speck
2–3 TL Tomatenmark
Salz, Pfeffer, Zucker, Essig
4 Mettwürste oder 1 Lyoner

Zubereitung

Den Speck in einem großen Topf auslassen. Die Zwiebel schälen, würfeln und mit anbraten. Die Suppengemüse und Kartoffeln putzen, schälen, würfeln und zugeben. Mit leicht gesalzenem Wasser aufgießen, sodass die Gemüse komplett bedeckt sind, und die Suppe zum Kochen bringen. Die Linsen zugeben, kurz mit ankochen und die Suppe dann eine gute Dreiviertelstunde köcheln lassen. Kurz vor Kochzeitende die Mettwürste im Ganzen zugeben und die Suppe noch etwas ziehen lassen. Zum Schluss mit Tomatenmark, Salz, Pfeffer, Zucker und Essig abschmecken.

Gut zu wissen!

Erbsensuppe kocht man auf ähnliche Art und Weise. Man gibt statt der Linsen die gleiche Menge eingeweichte oder vorgekochte Erbsen zur Suppe und schmeckt zum Schluss mit Majoran statt mit Tomatenmark ab.

TIPP

Linsensuppe lässt sich gut auf Vorrat kochen und portionsweise einfrieren. Nicht nur in Schwaben, sondern auch im Saarland isst man sie gerne mit Spätzle. Für einen selbst gemachten Spätzleteig bedarf es nur 300 g Mehl, 4 Eier, 1 TL Salz und einer Prise Muskat. Der Teig wird mit 5 EL Mineralwasser aufgerührt, bis er Blasen wirft und zäh vom Löffel fällt. Nach einer Stunde Ruhezeit schabt man ihn über ein Brett in siedendes Wasser.

BUNTE KÜRBISSUPPE

für 4 Personen

Zutaten

500 g Kürbis (vorzugsweise Butternuss oder Hokkaido)
1 Kohlrabi
2 große Kartoffeln
2 Möhren
1 Lauchstange
100 g geräucherter und gewürfelter Speck
1 Schuss Weißwein
Salz, Pfeffer, Majoran, Lorbeerblatt
nach Geschmack etwas Schmand

Gut zu wissen!

Die Suppe schmeckt auch mit Steckrüben und Möhren statt mit Kürbis!

Zubereitung

Den Kürbis halbieren und das Kerngehäuse herauslösen. Den Butternuss-Kürbis schälen, den Hokkaido-Kürbis nur waschen. Das Kürbisfleisch grob würfeln. Die Gemüse putzen, schälen und ebenfalls würfeln. Den gewürfelten Speck in einem Topf auslassen und die Gemüse zugeben. Die Gemüse andünsten und dann mit Wasser bedecken. Die Gewürze in die Suppe geben und diese langsam köcheln lassen, bis das Gemüse gar ist. Einen Teil des Gemüses und das Lorbeerblatt entnehmen, die Suppe pürieren und mit dem Weißwein abschmecken. Kurz aufkochen lassen, nach Geschmack etwas Schmand unterheben und die ganzen Gemüsestücke zugeben.

TIPP

In einer Pfanne Brotscheiben trocken rösten und dazu reichen.

MERZIGER VIEZSÜPPCHEN

für 4 Personen

Zutaten

5 Zwiebeln
5 Knoblauchzehen
2 Äpfel
ein Stück Petersilienwurzel
400 ml Brühe
400 ml Viez
400 ml Sahne
150 g Butter
etwas Zitronensaft zum Abschmecken
1 Bund fein geschnittene Petersilie
Salz, Pfeffer und Muskat

TIPP

Dazu passt ein kräftiges Roggenbrot und selbstverständlich ein Glas Viez.

Gut zu wissen!

Typische säurebetonte Apfelsorten, aus denen Viez gewonnen wird, sind Holzapfel, Weißer Trierer Weinapfel, Porzenapfel und Erbachhofer.

Zubereitung

Zwiebeln, Knoblauch, Äpfel und Petersilienwurzel schälen und in feine Würfel schneiden. Alles zusammen in einen großen Topf geben und mit der Butter andünsten. Brühe und Viez angießen und die Suppe 10 Minuten köcheln lassen. Die Sahne zugeben und die Suppe pürieren. Abermals 10 Minuten köcheln lassen und mit den Gewürzen und dem Zitronensaft abschmecken. Mit Petersilie verfeinern und servieren.

QUER-DURCH-DEN-GARTEN-SUPPE
(GEMÜSESUPPE)

für 4 Personen

Zutaten

1 kg frisches Gartengemüse (Möhren, Lauch, Sellerie, Kartoffeln, Kohlrabi, Kohl, Bohnen, Erbsen, Tomaten oder Paprika)
1 Zwiebel
1 Bund Petersilie
Etwas Bohnenkraut und Liebstöckel
2 l Wasser
Salz, Pfeffer
Öl

Zubereitung

Das Gemüse putzen, waschen und in kleine Stücke schneiden und in einem großen Topf in etwas Öl anschwitzen. Das leicht gesalzene Wasser und einen Teil der klein gehackten Kräuter zugeben. Die Suppe zirka ½ Stunde köcheln lassen. Mit den gehackten Kräutern bestreut servieren.

Gut zu wissen!

Wenn man die Suppe mit etwas magerem Speck ansetzt, geriebene Kartoffeln zugibt und mit einem Ei legiert, erhält man eine Saarländische Reibesuppe.

TIPP

Die Gemüsesuppe schmeckt im Sommer als Mittagessen bestens und erinnert an die italienische Minestrone. Zu frischeren Jahreszeiten ist sie eine schöne Vorsuppe, die nicht zu satt macht.

GRUMBEERSUPP
(KARTOFFELSUPPE)

für 4 Personen

Zutaten

800 g mehlig kochende Kartoffeln
1 Bund Suppengrün
1,5 l Wasser
1 Zwiebel
Salz, Pfeffer
saure oder süße Sahne
Für die Dekoration
1 Zwiebel und etwas Fett zum Braten oder
frische Kräuter und geräucherte Mettwurstscheiben

Zubereitung

Die Kartoffeln schälen, waschen und würfeln. Das Suppengrün und die Zwiebel ebenso putzen und in kleine Stücke schneiden. Die Kartoffeln und das Gemüse mit dem Wasser aufsetzen und garen, bis die Kartoffeln fast von selbst zerfallen. Die Suppe mit einem Stampfer oder einem Pürierstab sämig machen und würzen. Mit Sahne abschmecken.

Gut zu wissen!

In früheren Zeiten ging die ganze Familie mit Nachbarn und Freunden in den Herbstferien „in die Grumpen". Bei einem großen Kartoffelfeuer mit Grumperesupp und Quetschekuchen (siehe Seite 82) feierte man den Abschluss der Ernte.

TIPP

Nach Gusto mit gerösteten Zwiebelwürfeln oder frischen Kräutern und geräucherten Mettwurstscheiben dekorieren.

RINDFLEISCHSUPPE

für 6–8 Personen

Zutaten

1 kg Suppenfleisch vom Rind
1 Markknochen
1 Zwiebel
1 Bund Suppengrün
1 Bund Petersilie
2 Lorbeerblätter
6 Pfefferkörner
2,5 l Wasser
100 g Reis, Graupen oder Fadennudeln
Salz

Zubereitung

Das Fleisch und den Markknochen mit dem kalten Wasser in einen großen Topf geben, die Gewürze zugeben und die Brühe zum Kochen bringen. Das Suppengrün und die Zwiebel putzen, schälen, würfeln und zur Suppe geben. Die Petersilie hacken und einen Teil ebenfalls mit in die Suppe geben. Die Brühe gute zwei Stunden simmern lassen. Das Fleisch und den Markknochen entnehmen und in Scheiben oder Stücke schneiden. Die Suppe nach Bedarf etwas nachwürzen, durch ein Sieb geben und das Fleisch wieder dazugeben. Je nach Geschmack als Einlage separat abgekochten Reis, Graupen oder Nudeln mit in die Suppe geben. Mit dem Rest der gehackten Petersilie bestreut servieren.

Gut zu wissen!

Für die Markklößchen benötigt man 30 g Rindermark und 20 g Butter oder 50 g Butter, 1 Ei, 70 g trockene, geriebene Brötchen, Salz, Muskatnuss und gehackte Petersilie. Für die Markklößchen das Rindermark und die Butter erhitzen, bis die Masse geschmeidig ist. Nach dem Abkühlen die Masse cremig rühren und mit den übrigen Zutaten und gehackter Petersilie vermengen und mit den Gewürzen abschmecken. Klößchen formen und zum Schluss in der Suppe rund 6 Minuten simmern lassen.

TIPP

An Festtagen serviert man die Suppe mit Markklößchen und Eierstich. Für den Eierstich 4 Eier, 125 ml Milch oder Sahne, 1 Prise Muskat und etwas Salz miteinander verquirlen. Die Masse auf zwei gut gefettete Tassen verteilen und im Wasserbad stocken lassen, stürzen und in Stücke schneiden.

ZWIEBELSUPPE

für 4 Personen

Zutaten

1 kg Zwiebeln
2 Knoblauchzehen
3 Scheiben altbackenes Weißbrot
1 EL Butterschmalz
1,5 l Wasser oder Brühe
250 ml trockener Weißwein
je ½ TL getrockneter Basilikum, Thymian, Oregano
1 Lorbeerblatt
Salz, Pfeffer
150 g geriebener Emmentaler
frische Kräuter zum Dekorieren
gemahlener Kümmel nach Geschmack

Zubereitung

Die Zwiebeln schälen und in Ringe schneiden. Den Knoblauch ebenfalls schälen und fein hacken oder durch eine Knoblauchpresse geben. In einem ausreichend großen Topf Zwiebelringe und Knoblauchzehen mit dem Schmalz anschwitzen. Mit Wasser oder Brühe und Weißwein ablöschen. Die getrockneten Kräuter und das Lorbeerblatt zugeben. Mit Salz, Pfeffer und Kümmel abschmecken und die Brühe ca. 20–30 Minuten köcheln lassen. Das Lorbeerblatt entfernen und die Suppe in feuerfeste Suppenförmchen geben. Die Weißbrotscheiben würfeln und die Würfel auf die Suppe in den Förmchen geben. Den Käse darüberstreuen und im Backofen ca. 5 Minuten überbacken. Die heiße Suppe mit frisch gehackten Kräutern bestreuen und servieren.

Gut zu wissen!

Etwas Kümmel macht die Suppe bekömmlicher und gibt ihr noch einmal eine besondere Note.

TIPP

Dazu passt ein kühler trockener Weißwein. Verwenden Sie für Suppe und Begleitgetränk denselben – das harmoniert!

KAPPESSUPP
(WEISSKOHLSUPPE)

für 4 Personen

Zutaten

Zubereitung
500 g Suppenfleisch vom Rind
1,5 l Wasser
1 Bund Suppengrün
500 g Weißkohl
500 g Kartoffeln
Salz, Pfeffer

Zubereitung

Das Rindfleisch in kaltem, leicht gesalzenem Wasser mit den klein geschnittenen Suppengemüsen aufsetzen und gut anderthalb Stunden kochen. Das Fleisch aus der Brühe nehmen und in Würfel schneiden. Den Weißkohl in feine Streifen schneiden, die Kartoffeln schälen und würfeln. Beides in die Rindfleischbrühe geben und gar kochen. Das Fleisch zugeben und die Suppe mit Salz und Pfeffer abschmecken.

Gut zu wissen!

Machen Sie doch ihr Sauerkaut für den Wintervorrat mal selber ein! Für einen 5-Liter-Gärtopf aus Stein benötigt man 3 Kilogramm Weiß- oder Spitzkohl, zusätzlich pro Kilogramm Kohl 30 Gramm Salz und nach Vorliebe Gewürze (Lorbeerblätter, Pfeffer, Kümmel oder Wacholderbeeren). Das geraspelte Kraut wird mit einem Holzstampfer oder der Faust solange bearbeitet, bis der Krautsaft austritt und mit den Gewürzen lagenweise in ein Fass eingestampft. Man deckt dann die Oberfläche mit ganzen Krautblättern ab und legt Beschwerungssteine obenauf. Diese werden soweit runtergedrückt, bis eine mehrere Zentimeter hohe Saftschicht das Gärgut abdeckt. Unter Luftabschluss, also zusätzlich mit geschlossenem Deckel und wassergefüllter Überlaufrinne des Fasses, muss das Kraut nun 6 Wochen gären.

TIPP

Auf diese Art und Weise lassen sich viele Suppen – auch vegetarisch auf Basis von Gemüsebrühe – zubereiten. Im Winter gab man zuweilen auch weiße Bohnen mit in die Suppe oder nahm statt frischem Weißkohl Sauerkraut oder auch gelbe Rüben.

KARTOFFELWURST MIT SAUERKRAUT

für 4 Personen

Zutaten

Für die Kartoffelwurst-Masse
1 kg Schweinebauch, Eisbein oder Schweinefleisch mit Speck
1 kg Kartoffeln
4 mittlere Zwiebeln
Lorbeerblatt
Salz, Pfeffer, Bohnenkraut

Für das Sauerkraut
500 g Sauerkraut
1 große Zwiebel
1 Apfel
ein Schuss Apfel- oder Weißwein
2 Lorbeerblätter
2 Wacholderbeeren
Salz, Pfeffer, Zucker
Schmalz
1 geriebene Kartoffel oder etwas Speisestärke zum Binden

Zubereitung

Das Fleisch mit leicht gesalzenem Wasser bedecken, das Lorbeerblatt dazugeben und weich kochen lassen. Die Kartoffeln und die Zwiebeln schälen und dann mitkochen lassen, bis sie ebenfalls weich sind. Das Lorbeerblatt entfernen und alles durch einen Fleischwolf geben. Die Masse mit Salz, Pfeffer und Bohnenkraut abschmecken.
Die Masse nun in einem geschlossenen Bräter auf kleiner Flamme eine gute Stunde köcheln lassen, dabei umrühren.
In der Zwischenzeit das Sauerkraut bereiten. Sehr saures Kraut im Vorfeld etwas wässern. Die Zwiebel und den Apfel schälen, fein würfeln und in etwas Schmalz andünsten. Das Kraut zugeben und mit etwas Wasser und Wein angießen. Die Gewürze zugeben und das Kraut eine knappe Stunde köcheln lassen. Lorbeerblätter und Wacholderbeeren entfernen. Das Gemüse abschmecken und mit etwas geriebener Kartoffel oder angerührter Speisestärke binden.

Gut zu wissen!

Wem das Rezept zu aufwändig ist, der kann die Kartoffelwurst auch in Gläsern beim Traditionsmetzger kaufen oder einfach ein „Kappes-Durcheinander“ mit gestampften Kartoffeln, angebratenem Gehacktes und Sauerkraut bereiten.

TIPP

Die Kartoffelwurstmasse kann auch auf einem gefetteten Blech im Backofen knusprig braun gebraten werden.

MOURTENSPEIS
(MÖHREN-KARTOFFELSTAMPF)

für 4 Personen

Zutaten

1 kg Möhren
500 g mehlig kochende Kartoffeln
1 Zwiebel
2–3 Lorbeerblätter
4 Nelken
Salz, Pfeffer, Muskat
nach Geschmack auch etwas Bohnenkraut und Majoran
1 guter Stich Butter
150 ml warme Milch oder Sahne
4 Boudin noir (französische Blutwürste zum Braten) oder Treipe (regionale Blutwurst, gemischt mit Sauerkraut)
Fett für die Pfanne
frische gehackte Petersilie

Zubereitung

Die Möhren und die Kartoffeln schälen, waschen und in Würfel schneiden. Die Zwiebel schälen und hacken. In etwas Fett anschwitzen. Die Möhren- und Kartoffelwürfel zugeben und mit Wasser ablöschen, sodass die Gemüsewürfel knapp bedeckt sind. Die Lorbeerblätter und Nelken zugeben und mit Salz, Pfeffer und Muskat würzen. Wenn die Würfel sehr weich gekocht sind und kaum noch Kochwasser vorhanden ist, die ganzen Gewürze entfernen und mit einem Stampfer den Stich Butter und die Milch einarbeiten. Den Eintopf warm stellen.
In der Zwischenzeit die Pfanne mit Fett erhitzen und die Würste darin scharf anbraten. Den Eintopf mit gehackter Petersilie überstreuen und mit den Würsten servieren.

Gut zu wissen!

Anstatt der Blutwürste passen auch falsche Leberknödel oder Schweinerippchen zur Mourtenspeis. Vegetarier braten Apfel- und Zwiebelringe als Beilage.

TIPP

Besonders bunt und vielfältig wird das Gericht, wenn Sie gelbe, orange und violette Möhren verwenden. Ein tolles Aroma bekommt der Eintopf im Übrigen, wenn Sie die Kartoffeln- und Möhrenstücke zusammen mit einem Stück Rippchen oder Seitenfleisch und etwas Dürrfleisch garen. Die Gemüse erst eine halbe Stunde vor Garzeitende des Fleisches zugeben.

GERÖSTETE GRIESSSUPPE
(ANGEBRANNTE GRIESSSUPPE)

für 4 Personen

Zutaten

125 g Hartweizengrieß
60 g Butter
0,5 l Gemüse- oder Fleischbrühe
0,5 l Milch (oder auch ein Teil Sahne)
Salz, Pfeffer, Muskat
gehackte Petersilie

Gut zu wissen!

Diese Art der gebundenen Suppe wurde früher gerne abends zu Butterbroten gereicht.

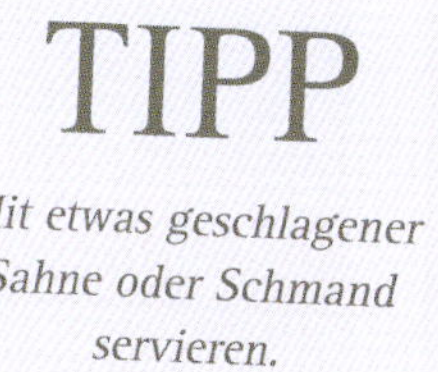

TIPP

Mit etwas geschlagener Sahne oder Schmand servieren.

Zubereitung

Die Butter in einem Topf schmelzen lassen und den Grieß darin hellbraun rösten. Mit der Brühe ablöschen und mit den Gewürzen abschmecken. Die Suppe unter Rühren aufkochen lassen und die Milch zugeben. Die Suppe noch etwas nachquellen lassen und mit der Petersilie bestreuen.

VON WEIDEN, AUS WÄLDERN UND GEWÄSSERN

FLEISCH- UND FISCHVIELFALT

Gutes aus Kammer und Kessel

In früheren Zeiten, als man auf den Höfen noch selbst schlachtete, bot man die edlen Fleischteile meist zum Verkauf an. Für die eigene Vorratskammer kochte man aus den Schlachtresten in einem großen Wurstkessel Blut- und Grützwürste („Budeng"), Sülzen, Fleisch- oder auch Schweinskäse. Diese Hausmacher Würste serviert man auch heute noch zu Bratkartoffeln und Salat oder zu Kartoffelstampf mit Gemüse.

Hausmannskost zum kleinen Preis

Viele Arbeiter hielten sich in den Hinterhöfen Kaninchen, die nach französischem Vorbild geschmort in Rotwein mit Gewürzen sonntags als „Dibbehas" (Topfhase) auf den Teller kamen. Auch Innereien wie Leber konnte man sich für die Alltagsküche leisten und diese erfreute sich in gebratener Form mit Kartoffelpüree, Zwiebeln und Apfelmus großer Beliebtheit. Ebenso waren Salzheringe erschwinglich, welche man gerne an Freitagen als „Ingeleede Häringe" zu Pellkartoffeln aß.

Fleischspezialitäten von deftig bis fein

Das Saarland mit seiner Nähe zu Frankreich kennt sowohl deftige als auch feine Fleischgerichte. Wild ist ein großes Thema, denn die heimischen Wälder sind reich an Hirsch, Reh, Wildschwein oder Hase. Aus Schwein, Rind oder Lamm, die ambitionierte Köche gerne aus regionaler Zucht beziehen, werden bis heute Kotelett, Sauerbraten, Rouladen, Gulasch oder Schmorbraten nach Hausrezept gemacht. Auch alte Landrassen wie das Glanrind oder Landschaftspfleger wie Heidschnucken sind frei nach dem Motto „Erhalten durch Aufessen" bei Slow Food-Anhängern äußerst beliebt.

Samstags wird geschwenkt

Für den Saarländer ist vor allem eine Zubereitungsart von großer Wichtigkeit – das Schwenken. Auf dem typischen Dreibeingrill aus Gusseisen mit Kette und schaukelndem Rost schwenkt der Hausherr samstags seit eh und je marinierte Schweinenackensteaks. Auch „der Lyoner", eine typische Fleischwurst nach französischem Vorbild, kommt gerne in Form des „Grill-Lyoners" auf den Rost oder findet sich als „Ring-Lyoner" in vielen Quiches, Pfannen- und Auflaufgerichten. In früheren Zeiten nannte man sie daher auch „Steak des Bergmanns".

Fischspezialitäten von Äsche bis Zander

Das Saarland und seine über 100 Gewässer sind reich an Fischen, wie zum Beispiel Äsche, Bachforelle, Barsch, Karpfen, Hecht, Regenbogenforelle, Wels und Zander. Auf der Haut gebraten mit Gemüse der Saison und Kartoffelspezialitäten wie Schneebällchen sind die heimischen Fische ein Gedicht.

SCHWENKERPFANNE
(SCHWENKBRATEN)

für 4 Personen

Zutaten

4 Schweinenackensteaks
4 dicke Zwiebeln
2 Knoblauchzehen
3 Wacholderbeeren
je 1 TL Thymian und Oregano
je ½ TL Curry, Paprika und Pfeffer
125 ml Öl
1 EL mittelscharfer Senf
Salz

Gut zu wissen!

Für den Schwenkgrill den Grillrost leicht einfetten. Wenn der Rost gut erhitzt ist, die Steaks von jeder Seite ca. 10–15 Minuten schwenken. Für die Zubereitung im Backofen die Grillfunktion wählen und den Ofen auf mittlerer Stufe vorheizen. Die Steaks unter dem heißen Grill ebenfalls von jeder Seite zirka 10–15 Minuten grillen.

Zubereitung

Die Schweinesteaks mit einem Küchenkrepp trocken tupfen. Die Zwiebeln schälen und in Streifen schneiden. Den Knoblauch schälen und fein hacken. Aus dem Öl und den Gewürzen eine Marinade rühren und diese mit den Steaks und den Zwiebeln in eine flache Schüssel geben. Die Steaks sollten in der Zwiebel-Marinade einige Stunden oder über Nacht ziehen. Die Zwiebeln entfernen und die marinierten Steaks mit einem Küchenkrepp gut trocken tupfen und salzen. Das Fleisch entweder auf dem Schwenkgrill oder im Backofen grillen.

TIPP

Zur Schwenkerpfanne serviert der Saarländer Kartoffelsalat oder Bratkartoffeln mit grünem Salat.

KOTELETT NACH KÖHLER ART

für 4 Personen

Zutaten

4 Nackenkoteletts
4 Zwiebeln
4 Äpfel
Salz, Pfeffer, Thymian

Gut zu wissen!

Das Kotelett-Gericht stammt ursprünglich von den Köhlern ab. Die Arbeitsmänner von einst bereiteten beim wochenlangen Bewachen ihrer Meiler das Essen stets in der Glut. Und auch die Landwirte, die im Herbst die trockenen Zweige ihrer Streuobstbäume verbrannten, führten das Kotelett-Ritual ein. Kulturvereine und private Initiativen, darunter auch Gastronomen, im Landkreis Merzig-Wadern tun es den Köhlern und Landwirten von einst wieder gleich und gehen meist rund um den Kalten Mittwoch (Buß- und Bettag) zum traditionellen Kotelett-Braten in die Natur. Hier hat das Rezept auch den Namen „Orscholzer Kotelett".

Zubereitung

Das Kotelett würzen und zusammen mit Apfelscheiben und Zwiebelstücken in ein Pergamentpapier und anschließend in Zeitungspapier einwickeln. In der heißen Glut gart das Päckchen dann langsam.
Wer kein Streuobstwiesenfeuer mit Glut hat, der kann das Kotelett samt Apfel-Zwiebelgemüse auch in einem geschlossenen Bräter für eine gute Stunde bei 180° C im vorgeheizten Backofen schmoren lassen.

TIPP

Als Beilage reicht man Ofenkartoffeln mit Schmand, Bratkartoffeln oder Kartoffelsalat.

SCHWEINSKÄS

für 8–10 Personen

Zutaten

2 Schweinsfüße
1 kleines gepökeltes Eisbein (500 g)
750 g Schweinebauch
750 g Rindfleisch
1 Bund Suppengrün
2 Zwiebeln
4 Lorbeerblätter
4 Nelken oder je 1–2 TL Majoran und Thymian
3 l leicht gesalzenes Wasser
Salz und Pfeffer

Zubereitung

Die Fleischteile mit dem klein geschnittenen Suppengrün in kaltem Salzwasser aufsetzen und über 2–3 Stunden sehr weich kochen lassen. Die Fleischteile vom Knochen lösen und durch einen Fleischwolf mit großer Lochscheibe drehen. Dann das gewolfte Fleisch mit einem Teil der Kochbrühe aufkochen. Die Konsistenz sollte breiartig sein. In Schüsseln oder Gläser abfüllen und kalt stellen. Der Schweinskäse wird beim Abkühlen fest, da die Schweinsfüße Gelatine enthalten, und kann dann in Scheiben geschnitten werden. Mit Brot oder Bratkartoffeln servieren.

Gut zu wissen!

Nach ähnlichem Prinzip kochte man früher auch hauseigene Sülze. Beim Schweinskäse ist der Unterschied, dass die Zutaten nicht gewürfelt, sondern durch einen Fleischwolf gedreht werden. Im Gegensatz zum Schweinskäse schmeckt man die Sülze mit Essig ab.

TIPP

Schweinskäse kann auch eingefroren werden und sollte – um seine gewohnte Konsistenz zu erlangen, nach dem Auftauen kurz aufgekocht und dann wieder kalt gestellt werden.

FLEISCHKÄS

für 1 Kastenform à 20 cm

Zutaten

200 g fetter Schweinebauch
300 g mageres Schweine- oder Kalbfleisch
je 1 Zweig Thymian und Majoran
Abrieb von ½ unbehandelten Zitrone
½ TL Salz
Pfeffer, Muskatnuss
150 g zerstoßene Eiswürfel
Öl für die Backform

Zubereitung

Das Fleisch in kleine Würfel schneiden und im Gefrierfach anfrieren lassen. Die Kräuter zupfen und fein hacken. Das Fleisch mit den Gewürzen und der Zitronenschale in eine Küchenmaschine geben und sukzessive pürieren. Die zerstoßenen Eiswürfel dabei untermischen. Eine Kastenform mit Öl ausstreichen und die Leberkäsemasse einfüllen. Im vorgeheizten Ofen auf unterer Schiene bei 140° C Umluft ca. 90 Minuten backen. Aus dem Ofen nehmen und kurz entspannen lassen. Dann warm oder kalt aufschneiden und servieren.

Gut zu wissen!

Fleischkäse kann man im Saarland bei vielen Qualitätsmetzgern zum Aufwärmen für zu Hause erwerben. Auch Weck mit Fleischkäse ist ein beliebter Imbiss.

TIPP

Dazu passen Bratkartoffeln und Salat oder auch „Iwwer die Platt Geschmelzde“ (mancherorts „Off da Platt Geschmelzte)“ und ein kühles Bier.

REHKEULE

für 4 Personen

Zutaten

1 Rehkeule ohne Knochen
4 EL Butterschmalz
4 gewürfelte Zwiebeln
½ l Fleischbrühe, ggf. etwas mehr zum Begießen
4 zerstoßene Wacholderbeeren
1 Zweig Thymian
1 Lorbeerblatt
Salz, Pfeffer
125 g Sauerrahm oder Sahne
1 TL Stärkemehl
400 ml Rotwein
Kirschkonfitüre oder Pflaumenmus

Zubereitung

Das Fleisch, wenn nötig, enthäuten und über Nacht in Buttermilch einlegen. Am nächsten Tag das Fleisch trocken tupfen. Butterschmalz in einem Bräter erhitzen. Zwiebelwürfel zugeben und glasig dünsten. Die Rehkeule zugeben und von allen Seiten anbraten. Mit der Brühe angießen, die Gewürze zugeben und im geschlossenen Bräter im vorgeheizten Backofen bei 180° C Ober-Unterhitze bis zu 2½ Stunden schmoren lassen. Während der Garzeit mehrfach mit weiterer Brühe oder Wasser begießen. Rehkeule, Thymianzweig und Lorbeerblatt entnehmen. Das Fleisch warm stellen. Den Bratensud etwas entfetten und die darin geschmorten Zwiebeln pürieren. Das Stärkemehl in Wein anrühren und den Garsud damit kurz aufkochen lassen. Die Sauce mit Sauerrahm oder Sahne, Salz, Pfeffer, etwas Kirschkonfitüre oder Pflaumenmus abschmecken. Die Rehkeule in Scheiben schneiden und diese in die Sauce legen.

Gut zu wissen!

Auch mit dem zarten, kurzfaserigen Fleisch von der Heidschnucke, die zur Landschaftspflege eingesetzt wird, lässt sich dieser Braten bereiten. Ihr Geschmack ist aufgrund der extensiven Haltung wildbretähnlich.

Dazu passen gebratene Pilze oder Schmoräpfel mit Preiselbeeren.

WILDPFEFFER

für 4 Personen

Zutaten

1 kg Gulasch vom Reh, Hirsch oder Wildschwein
500 g Zwiebeln
100 g gewürfelter Bauchspeck
2 EL Öl zum Anbraten
Salz, Pfeffer
2 EL Tomatenmark
2 Lorbeerblätter
je 1 TL getrockneter Thymian und Majoran
je 1 Msp. Zimt, Piment, Nelken
250 ml Rotwein
500 ml Fleisch- oder Gemüsebrühe
1 TL Stärkemehl zum Binden dcr Soße
Sahne nach Geschmack

Zubereitung

Das Fleisch, falls nötig, parieren, waschen und trocken tupfen. Die Zwiebeln schälen und würfeln. Öl in einem Bräter erhitzen und das Fleisch mit den Zwiebeln und dem Bauchspeck darin anbraten. Mit Salz und Pfeffer würzen und die restlichen Zutaten außer der Stärke zugeben. Das Gulasch im geschlossenen Bräter zirka 1½–2 Stunden schmoren lassen. Stärkemehl mit etwas Wasser anrühren und den Gulaschsud damit binden. Mit etwas Sahne abschmecken.

Gut zu wissen!

Wildgerichte bekommen einen besonderen Pepp, wenn man sie mit etwas Pflaumenmus oder Weinbrand abschmeckt.

TIPP

Dazu schmecken die Saarländer Kloßspezialitäten. Diese finden Sie in Kapitel 5 ab Seite 70.

SPIESSBRATEN MIT ZWIEBELSOSSE

für 4 Personen

Zutaten

1,5 kg Rindfleisch vom Bug
250 g dünne Dürrfleisch-Scheiben
500 g Zwiebeln
Salz, Pfeffer

Für die Marinade
1 Flasche Rotwein
2 Lorbeerblätter
10 Nelken
1 Bund Suppengrün
je 10 zerstoßene Wacholderbeeren und Pfefferkörner
Küchenzwirn

Gut zu wissen!

Wer nicht die Möglichkeit hat, ein Holzkohlefeuer zu errichten, kann den Braten auch in etwas Fett auf dem Herd unter ständigem Wenden ringsum fertig braten.

TIPP

Für eine leckere Soße den Bratensaft mit ¼ l Rotwein oder Bier ablöschen, aufkochen und mit etwas Stärkemehl andicken. Auch mit Schweinefleisch kennt man den Spießbraten, zu dem man gerne ein kühles Bierchen reicht. Denn neben Viez und Wein sind auch naturtrübe, klare, helle und dunkle Biersorten in der Region zu Hause.

Zubereitung

Das Fleischstück zu einer großen flachen Scheibe aufschneiden. Die Dürrfleisch-Scheiben darauf verteilen. Die Zwiebeln schälen, würfeln und ebenso auf dem Fleisch verteilen. Salzen und pfeffern. Die belegte Fleischscheibe nun aufrollen und mit einem Küchenzwirn umwickeln.
Die Zutaten für die Marinade ansetzen, diese in ein verschließbares Gefäß geben und die Fleischrolle darin einen Tag ziehen lassen. Die Fleischrolle dann entnehmen und trocken tupfen. Die Fleischrolle von außen salzen und pfeffern, in einen ausgefetteten Bräter setzen und bei geschlossenem Deckel anderthalb Stunden im Ofen schmoren lassen. Im Anschluss den Rollbraten auf einen Spieß stecken und über dem Holzkohlefeuer unter ständigem Drehen noch einmal eine Stunde knusprig braten.

SAARLÄNDISCHES HUHN IN RIESLING

für 4 Personen

Zutaten

1 küchenfertiges Huhn à 1 bis 1,5 kg
oder wahlweise 2 Hähnchen-Keulen und 2 Brüste
3 Lauchzwiebeln
150 g Champignons
500 ml trockener Riesling
nach Geschmack ein Lorbeerblatt
5 EL Schmand oder Sahne
1 EL Speisestärke
2 EL Öl zum Anbraten
Salz, Pfeffer, Zucker
gehackte Petersilie

Gut zu wissen!

Auch im benachbarten Elsass kennt man ein ähnliches Gericht. Den Coq au Riesling bereiten die Nachbarn gerne mit einer Maispoularde. Als Geschmacksträger kommen Speckwürfel und Estragon mit an die Soße.

Zubereitung

Das Huhn mit einer Geflügelschere oder einem scharfen Messer in 6–8 Teile zerlegen. Zunächst die Keulen und die Flügel abtrennen, dann die Brust halbieren. Die Lauchzwiebeln und die Champignons putzen und klein schneiden. Das Öl in einem Bräter erhitzen, die Hühnerteile salzen und im heißen Fett von allen Seiten anbraten. Lauchzwiebeln und Champignons dazugeben und mitschmoren. Den Wein angießen, das Lorbeerblatt dazugeben und das Huhn ca. eine Dreiviertelstunde auf dem Herd oder im Backofen bei 180° C bei geschlossenem Deckel weiterschmoren. Die Hühnerteile entnehmen. Den Bratensud aufkochen und mit der in etwas kaltem Wasser angerührten Stärke binden. Mit Schmand oder Sahne verfeinern und mit den Gewürzen abschmecken. Mit Petersilie überstreut zu Kartoffeln oder Spätzle servieren.

TIPP

Sie können für das Gericht auch einen Bund Suppengrün klein schneiden und die Hähnchenteile mit dem Riesling für einige Stunden darin einlegen. Die Hühnerteile werden dann aus dem Sud entnommen und trocken getupft.

ZANDERFILET

für 4 Personen

Zutaten

4 Zanderfilets (küchenfertig)
½ Bund Frühlingszwiebeln
8 bunte Möhren
grüne Bohnen
Salz, Pfeffer
Öl
frische gehackte Petersilie

Zubereitung

Die Zanderfilets trocken tupfen und salzen. Die Gemüse putzen, waschen und in mundgerechte Stücke schneiden. In einer großen Pfanne Öl erhitzen. Die Gemüsestücke in dem Öl anrösten, salzen und pfeffern, anschließend aus der Pfanne nehmen und im vorgeheizten Backofen bei 180° C für 10–15 Minuten weitergaren. In der Zwischenzeit die Pfanne abermals mit Öl erhitzen und die Zanderfilets darin von beiden Seiten anbraten und im Anschluss bei geringer Temperatur zirka 10–15 Minuten weitergaren lassen. Dabei einmal wenden. Das Zanderfilet auf einem Bett aus Gemüse anrichten und mit gehackter Petersilie bestreuen.

Gut zu wissen!

Ein Schuss Zitronensaft oder trockener Weißwein verleihen dem Fisch kurz vor Garzeitende ein schönes Aroma. Wer mag, reicht eine Sahnesoße zum Fisch. Hierfür den Fischsud mit 250 ml Weißwein, 100 ml Sahne und 1 EL Stärkemehl aufkochen lassen.

TIPP

Dazu schmecken Salzkartoffeln oder Schneebällchen und ein grüner Salat.

INGELEEDE HÄRINGE
(EINGELEGTE HERINGE)

für 4 Personen

Zutaten

1 kg Heringsfilets (küchenfertig)
500 g Zwiebeln
500 ml saure Sahne
etwas Milch
Salz, Pfeffer
Zitronensaft oder Weißweinessig

Gut zu wissen!

Auch Heringskartoffeln waren in früheren Zeiten ein beliebtes Gericht. Hierfür wurden Zwiebeln in einer Pfanne angebraten und dann abwechselnd mit Pellkartoffelscheiben und Heringsstückchen in einen feuerfesten Topf eingeschichtet. Die saure Sahne band man mit einem Ei und goss die Soße dann über die eingeschichtete Masse, welche im Anschluss für eine gute halbe Stunde bei 200° C Ober-Unterhitze gebacken wurde.

Zubereitung

Die Heringsfilets über Nacht wässern. Am nächsten Tag die Filets abtrocknen und in Stücke schneiden. Die Zwiebeln schälen und in Würfel oder Ringe schneiden. Die Heringe und die Zwiebeln abwechselnd in einen Heringstopf oder eine hohe Schüssel schichten. Die saure Sahne mit etwas Milch verrühren, mit Salz, Pfeffer und Zitronensaft abschmecken. Die Sahnesoße über die Heringe geben und gut zwei Tage im Kühlschrank durchziehen lassen.

TIPP

Mit Pellkartoffeln servieren.

FALSCHE LEWWERKNEPP
(FALSCHE LEBERKNÖDEL)

für 4 Personen

Zutaten

250 g Rinderhackfleisch
250 g Leberwurst oder zerkleinerte Kalbs- oder Rinderleber
1 Ei
1 Brötchen (eingeweicht in etwas warmer Milch)
Salz und Majoran

Gut zu wissen!

Eine Variante der Lewwerknepp sind Fleischklöße in Specksoße. Diese bestehen nur aus magerem Rinderhackfleisch, Zwiebeln, Dürrfleisch und Brötchen. Man lässt sie ebenfalls in Salzwasser gar ziehen.

Zubereitung

Einen Topf mit leicht gesalzenem Wasser aufsetzen. Hackfleisch, Leberwurst, Ei und Gewürze in einer Schüssel miteinander verkneten. Das Brötchen ausdrücken und ebenfalls unterkneten. Mit einem Esslöffel Klöße abstechen und in das kochende Wasser gleiten lassen. Die Klöße gut 15 Minuten garen lassen und dann mit gestampften Kartoffeln, Specksoße und Sauerkraut oder im Sommer auch frischem Spitzkohl servieren. Ein Rezept für die Specksoße finden Sie im Kapitel 5 bei den „Gefillde met Specksoß“ auf Seite 72 f.

TIPP

Die Kochbrühe kann man als Basis für eine leckere Suppe nutzen. Auch Reste der Klöße eignen sich klein geschnitten als Suppeneinlage oder gebraten als Topping für einen bunten Salat.

SAUERBRATEN

für 4 Personen

Zutaten

1,5 kg Rindfleisch vom Bug oder aus der hohen Rippe
2 Zwiebeln
2 Möhren
1 Stück Sellerie
750 ml Rotweinessig
750 ml Wasser
3 Lorbeerblätter
4 Wacholderbeeren
3 Nelken
Salz, Pfeffer
2 EL Schmalz
500 ml Rotwein
1 Scheibe Vollkornbrot
1 EL Johannisbeergelee

Zubereitung

Das Fleisch trocken tupfen. Die Zwiebeln schälen und in Ringe schneiden. Die Möhren und das Selleriestück ebenfalls schälen und klein schneiden. Aus Essig, Wasser und den Gewürzen eine Marinade rühren und das Fleisch darin für zwei bis fünf Tage einlegen. Währenddessen einige Male wenden. Das Fleisch dann entnehmen, gut trocken tupfen und mit Salz und Pfeffer einreiben. Das Fett in einem Bräter erhitzen und das Fleisch von allen Seiten anbraten. Das Gemüse aus der Marinade dazugeben und mitschmoren lassen, ebenfalls etwas Marinade und den Rotwein zugeben. Den Braten gut anderthalb Stunden schmoren lassen. Das Bratenstück entnehmen, warm stellen und den Sud mit zerriebenem Vollkornbrot andicken, mit Johannisbeergelee abschmecken und pürieren. Das Fleisch in Scheiben schneiden und in die Soße legen.

Gut zu wissen!

In früheren Zeiten nahm man gerne Fohlenfleisch für den Sauerbraten. Auch ein Bierbraten ist im Saarland sehr bekannt. Das Rindfleisch wird für den Bierbraten nicht eingelegt, sondern mit Speckstreifen gespickt und angebraten. Der Braten wird dann in einem Sud mit klein geschnittenem Suppengemüse, einer klein geschnittenen Zwiebel und einer Flasche hellem Bier geschmort.

TIPP

Schneebällchen oder grüne Klöße und Rotkohl passen gut zu dem Bratengericht.

WILDSCHWEINROULADEN

für 4 Personen

Zutaten

800 g Wildschwein aus der Keule (4 Scheiben à 200 g)
100 g fein zerkleinerte Rehleber oder -hackfleisch
2 Brötchen vom Vortag
1 Zwiebel
80 g gewürfelter Speck
3 EL Senf
4 saure Gürkchen
250 ml Brühe
250 ml trockener Rotwein
Salz, Pfeffer, Lorbeerblatt
Fett zum Anbraten
Sahne nach Belieben
Küchenzwirn oder Rouladennadeln

Zubereitung

Die Brötchen in Stücke schneiden und in etwas lauwarmer Milch einweichen. Die Zwiebel schälen und fein würfeln. Die Zwiebelwürfel mit der Rehleber oder dem Hackfleisch und dem Speck in etwas Fett anbraten. Die ausgedrückten Brötchen mit dem angebratenen Fleisch vermengen. Die Fleischscheiben mit einem Fleischklopfer plattieren. Die Scheiben mit Senf bestreichen. Die Rehleber- oder Hackfleischmasse auf dem Senf gleichmäßig verteilen, je ein Gürkchen am unteren Ende auflegen und die Rouladen mit dem Gürkchen-Ende beginnend aufrollen. Die Rouladen mit Küchenzwirn zubinden oder mit Rouladennadeln fixieren. Die Rouladen dann in einem Bräter mit heißem Fett ringsum kräftig anbraten. Dann mit Brühe und Rotwein ablöschen, die Gewürze zugeben und die Rouladen bis zu 2 Stunden schmoren lassen. Die Rouladen warm stellen und den Bratensud mit Pfeffer, Salz und Sahne abschmecken. Etwas einköcheln lassen und zusammen mit den Rouladen reichen.

Gut zu wissen!

Nach demselben Prinzip können Sie auch Rinderrouladen bereiten. Da Rinderrouladen größer sind, benötigt das Fleisch allerdings etwas mehr Schmorzeit.

TIPP

Dazu schmecken ebenfalls Schneebällchen, grüne Klöße und Rotkohl.

DIBBEHAS
(HASE IM TOPF)

für 4 Personen

Zutaten

1 Hase oder Kaninchen
(küchenfertig ausgenommen)
oder 4 Keulen
150 g Dürrfleischscheiben
2 Zwiebeln
1 Knoblauchzehe
½ l Fleischbrühe
1 Tasse trockenen Rotwein
Salz
ein Gewürzsäckchen aus
1 Lorbeerblatt, 4 Wacholderbeeren, 4 Pimentkörnern,
2 Nelken und je 1 Messerspitze
Thymian, Rosmarin oder Majoran
und Kümmel
Fett zum Braten
etwas Stärkemehl oder
Pumpernickel zum Binden
Sahne nach Geschmack

Zubereitung

Die Zwiebeln häuten und würfeln. Einen Bräter mit einigen Esslöffeln Fett erhitzen. Den Hasen in Stücke zerteilen, salzen und mit Dürrfleischscheiben und Zwiebeln im Bräter kurz anbraten. Mit der Brühe ablöschen und das Gewürzsäckchen zugeben. Das Fleisch dann bei geschlossenem Deckel schmoren lassen. Nach einiger Zeit den Rotwein angießen und nach Bedarf noch etwas Wasser zugeben. Nach ca. 1½ Stunden ist der Hase butterzart. Das Fleisch entnehmen, den Bratensud durchsieben und mit etwas Pumpernickel oder Stärkemehl binden. Mit Sahne verfeinern und das Fleisch wieder in die Soße legen.

Gut zu wissen!

In früheren Zeiten, in denen man die Tiere selber schlachtete, nahm man oft Blut statt Rotwein zum Verfeinern des Gerichts. Auch das Fleisch der Ziege, die man als „Bergmannskuh" bezeichnete, wurde als Rücken- oder Keulenbraten geschmort.

TIPP

In einigen alten Rezepten werden die Hasenteile nur angebraten und dann abwechselnd mit Zwiebelwürfeln und Kartoffelscheiben in einen Bräter geschichtet. Dürrfleischscheiben bilden den Abschluss. Den durchgesiebten Bratensatz vermengt man mit Blut und Paniermehl und gießt ihn über die Zutaten. Der Dibbehas wird dann bei geschlossenem Deckel eine knappe Stunde im Ofen sanft geschmort.

TOLLE KNOLLEN UND MEHR
KARTOFFELGERICHTE UND BEILAGEN

Dibbelabbes, Gefillde und Grumbeerkicheler

Die klassische Alltagsküche des Saarlands war in früheren Zeiten vor allem deftig. Bis heute findet man mannigfache Kartoffelspezialitäten, die ihren Ursprung in der traditionellen Bergmannskost haben. Mit günstigen und sättigenden Zutaten war es für die Hausfrau jeden Tag eine Herausforderung, die Mahlzeiten der großen Familien abwechslungsreich zu gestalten. Denn insbesondere für die unter Tage und an den Hochöfen arbeitenden Kumpel mussten die Speisen auch die nötigen Kalorien liefern.

Multitalent Kartoffel

All diese Voraussetzungen – erschwinglich, variantenreich und nahrhaft – brachte die Kartoffel mit sich und so wurde die „Grumbeere" oder „Grumber(d)e" mit dem Durchbruch der Industrialisierung im 19. Jahrhundert zum wichtigsten Nahrungsmittel des Saarländers. Besonders die Böden zwischen Prims, Blies und Saar im Landkreis Saarlouis eignen sich für den Anbau der Hackfrüchte. Die genügsame Knolle ließ sich darüber hinaus auch im Selbstversorgergarten gut anbauen und im Keller prima über den Winter bringen.

Saarländer Kartoffelspezialitäten

Bis heute verbindet man Gerichte wie Dibbelabbes (Kartoffelauflauf mit Dürrfleisch), Hoorische (längliche Kartoffelklöße mit Specksoße und Sauerkraut) oder Gefillde (mit Leberwurst oder Hack gefüllte Kartoffelklöße) mit der Saarländer Küche. Neu interpretiert oder als kleine Beilagenportion findet man die Kartoffelspezialitäten auf den Speisekarten der ambitionierten Gastronomie – die stolz auf ihre Heimatküche ist und ihrer „Grumbeere" in der Region Saar-Hunsrück sogar mit traditionellen Kartoffeltagen im Herbst ein kulinarisches Denkmal setzt (www.kartoffeltage-saar-hunsrueck.de).

Schmackhafter Variantenreichtum

Während der Teig aus geriebenen Kartoffeln, Dürrfleisch und Eiern beim Dibbelabbes zunächst in einer Pfanne kross angebraten wird, bis sich kleine Krüstchen bilden – wird der „Schales", den man in der Grenzregion zur Mosel und zur Pfalz kennt, im Ofen gebacken. Für Grumbeerkischelscher, also Reibeküchlein, bäckt man den Teig portionsweise aus.

Verheiratete, Hoorische, Stubberte

Ähnlich vielseitig sind auch die heimischen Kloßspezialitäten. Am besten probiert man gleich alle, um die Unterschiede am Objekt zu studieren.

SCHALES UND GRUMBEERKISCHELSCHER

für eine Form

Zutaten

2 kg Kartoffeln
2 Stangen Lauch
250 g gewürfeltes Dürrfleisch
1 Ei
Salz, Pfeffer

Gut zu wissen!

Wer den rohen Teig des Kartoffel-Topfkuchens in der Pfanne zu einzelnen Küchlein ausbäckt, erhält Grumbeerkischelscher.

Zubereitung

Die Kartoffeln schälen und reiben. Auf einem Sieb abtropfen lassen und etwas ausdrücken. Lauch putzen, waschen und in feine Ringe schneiden. Lauchringe und Ei unter die Kartoffelmasse mengen. Mit Salz und Pfeffer abschmecken. Das Dürrfleisch in einem gusseisernen Bräter auslassen und die Kartoffelmasse daraufgeben. Den Schales bei 200° C ca. 2 Stunden backen, bis er knusprig braun ist. Mit Apfelmus oder Salat servieren.

TIPP

Mit einem Förmchen lassen sich auch runde Beilagen-Stückchen aus dem Schales ausstechen. Diese passen gut zu Fleischgerichten oder zu Sauerkraut.

DIBBELABBES

für eine Form

Zutaten

2 kg Kartoffeln
2 Zwiebeln
250 g gewürfeltes Dürrfleisch
1 Ei
Salz und Pfeffer
4 EL Öl

Gut zu wissen!

Es gibt auch Dibbelabbes-Rezepte ohne Dürrfleisch. Mancherorts gibt man auch Leberwurst oder neuerdings Truffel mit in die Kartoffelmasse.

Zubereitung

Die Kartoffeln schälen und reiben. Auf einem Sieb abtropfen lassen und etwas ausdrücken. Zwiebeln schälen und sehr fein würfeln oder reiben. Zwiebeln, Dürrfleisch und Ei unter die Kartoffelmasse mengen und mit Salz und Pfeffer abschmecken. Das Öl in einem gusseisernen Bräter erhitzen und die Masse unter ständigem Rühren anbraten, sodass sie von allen Seiten kleine Krüstchen bildet.
Viele Hausfrauen ließen die Masse früher im gusseisernen Bräter im Ofen zuende garen.

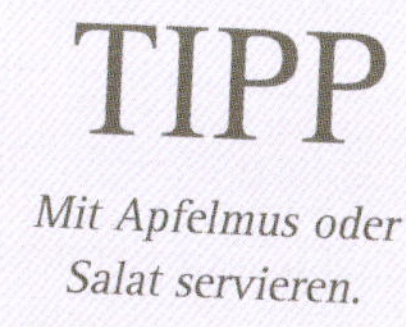

TIPP

Mit Apfelmus oder Salat servieren.

KAERSCHDSCHER
(BRATKARTOFFELN)

für 4 Personen

Zutaten

1 kg Kartoffeln
3 EL Butterschmalz
Salz

Zubereitung

Die Kartoffeln schälen, waschen und in Würfel schneiden. Das Fett in einer großen Pfanne oder einem Bräter auslassen und die Kartoffelwürfel dann zugeben. Zunächst die Würfel bei geschlossenem Deckel gut 10 Minuten garen lassen. Den Deckel dann abnehmen, die Kartoffelwürfel salzen und schön kross werden lassen, dabei mehrfach wenden.

Gut zu wissen!

In einer ausreichend großen Pfanne, in der „alle Kartoffelstückchen den Boden sehen", werden die Kaerschdscher besonders knusprig. Auch im Backofen auf einem Blech kann man die Kartoffelwürfel ausbacken. Sie heißen dann „Blechgrumbeere".

TIPP

Probieren Sie die Bratkartoffeln auch mit Majoran oder mit Dürrfleisch!

STUBBERTE

für 4 Personen

Zutaten

750 g mehlig kochende Kartoffeln
4 EL Milch
Salz, Pfeffer, Muskat
100 g fetter Speck

Zubereitung

Die Kartoffeln schälen, halbieren und so lange kochen, bis sie zerfallen. Mit einem Stampfer Milch und Gewürze unterarbeiten. Den Speck würfeln und in einer Pfanne auslassen. Einen Esslöffel immer wieder in das Fett tauchen und Klöße von dem Brei abstechen. Den Rest des Fetts mit den Speckgrieben über die Stubberte gießen oder die Stubberten in dem Fett braten.

Gut zu wissen!

Im Westrich kennt man auch gebratene Leberwurst als Beilage.

HOORISCHE KNEPP
(STRACKE ODER SCHDRAGGE)

für 4 Personen

Zutaten

1,5 kg rohe Kartoffeln
1 kg gekochte Kartoffeln vom Vortag
2 Eier
Salz
nach Bedarf etwas Mehl

Zubereitung

Die rohen Kartoffeln reiben und ausdrücken. Die gekochten Kartoffeln durch einen Fleischwolf drehen oder ebenfalls fein reiben. Beide Kartoffelmassen zusammenmischen und die Eier unterarbeiten. Mit Salz abschmecken. Sollte der Teig zu feucht erscheinen, noch etwas Mehl einarbeiten. Runde Klöße formen und diese in Salzwasser ca. 25 Minuten garziehen lassen.

Gut zu wissen!

Hoorische kennt man auch in länglicher Form, dann heißen sie „Stracke“ oder „Schdragge“, also übersetzt „lang Gezogene“. Der Name „Hoorische“ meint „Haarige“, denn die Klöße haben aufgrund ihrer Kartoffelfasern ein „haariges Aussehen“.

TIPP

Als Beilage zu Fleischgerichten servieren.

GEFILLDE MET SPECKSOSS
(GEFÜLLTE KLÖSSE MIT SPECKSOSSE)

für 4 Personen

Zutaten

Für den Teig

1,5 kg rohe Kartoffeln
1 kg gekochte Kartoffeln vom Vortag
2 Eier
Salz
nach Bedarf etwas Mehl

Für die Füllung

500 g Rinderhackfleisch
1 Zwiebel
Salz, Pfeffer, Majoran
Fett für die Pfanne
Für die Specksoße
100 g gewürfelter fetter Speck
250 ml Sahne
Salz, Pfeffer

Für das Sauerkraut

500 g Sauerkraut
80 g Speckwürfel
2 Zwiebeln
Schmalz
Salz, Pfeffer, Zucker
2 Lorbeerblätter
etwas Stärkemehl oder eine geriebene Kartoffel zum Binden

Zubereitung des Sauerkrauts

Zunächst das Sauerkraut zubereiten: Hierfür Zwiebeln schälen, würfeln und mit dem Speck im Schmalz bräunen lassen. Das Sauerkraut mit etwas Wasser zugeben. Mit Salz, Pfeffer und etwas Zucker würzen und die Lorbeerblätter dazugeben. Das Ganze bei geringer Hitze rund eine Stunde köcheln lassen. Bei Bedarf ab und zu Wasser auffüllen. Zum Schluss noch einmal mit Salz und Pfeffer abschmecken und mit etwas Stärkemehl oder einer geriebenen Kartoffel binden.

Gut zu wissen!

Gefillde haben den gleichen Ausgangsteig wie die Hoorische Knepp, sind aber wegen ihrer Füllung um einiges größer. Es gibt auch Rezeptvarianten, die das rohe, gewürzte Zwiebelhack in die Kloßmasse einarbeiten. In diesem Fall müssen die Klöße gut 10 Minuten länger gar ziehen.

Zubereitung der Klöße

Während das Sauekraut köchelt, die rohen Kartoffeln für die Klöße reiben und ausdrücken. Die gekochten Kartoffeln durch einen Fleischwolf drehen oder ebenfalls fein reiben. Beide Kartoffelmassen zusammenmischen und die Eier unterarbeiten. Mit Salz abschmecken. Sollte der Teig zu feucht erscheinen, noch etwas Mehl einarbeiten.

Den Teig etwas ziehen lassen. In der Zwischenzeit die Zwiebel schälen und fein hacken. Das Hackfleisch mit der Zwiebel in heißem Fett krümelig anbraten und würzen. Auskühlen lassen. Aus dem Kloßteig runde Klöße formen und diese portionsweise mit dem Hack füllen und gut 30 Minuten in Salzwasser ziehen lassen.

In der Zwischenzeit den Speck für die Soße in einer Pfanne auslassen und mit der Sahne ablöschen. Die Masse etwas einköcheln lassen und würzen.

Die Klöße in eine Schüssel geben und mit der Specksoße begießen. Dazu Sauerkraut, alternativ Rotkohl oder einen Salat reichen.

TIPP

Probieren Sie die Gefillde auch mal mit Leberwurstfüllung oder süß mit Pfaumenmusfüllung und Vanillesoße. Oder arbeiten Sie frische Kräuter mit in den Teig! In der Pilzsaison schmecken auch gebratene Pfifferlinge statt Sauerkraut hervorragend zu den Klößen.

SCHNEEBÄLLJER
(SCHNEEBÄLLCHEN)

für 4 Personen

Zutaten

2 kg Kartoffeln, vorzugsweise mehlig kochende Sorten
3 Eigelbe
2 EL Mehl
Salz

Zubereitung

Die Kartoffeln bereits am Vortag als Pellkartoffeln garen und pellen.
Am nächsten Tag die Kartoffeln durch einen Fleischwolf drehen oder fein reiben. Mit den Eigelben und dem Mehl vermengen und salzen. Aus dem Teig runde Klöße formen und diese etwa 20 Minuten in heißem Salzwasser ziehen lassen.

Gut zu wissen!

Im Westrich, zu dem unter anderem das Gebiet der westlichen Pfalz, das südliche und das östliche Saarland zählen, kennt man die Klöße in länglicher Form und nennt sie „Buwespitzle". Gerne brät man am nächsten Tag Reste in Butterschmalz und reicht sie zu Salat oder zu Buttermilch.

TIPP

Klassischerweise isst man Schneebällchen als Beilage zu Sauerfleisch oder zu Wildgerichten. Sehr beliebt ist jedoch auch, die Klöße süß mit Obstkompott zu genießen.

LYONER (KARTOFFEL-)PFANNE

für 4 Personen

Zutaten

1 Ring Lyoner
1 kg festkochende Kartoffeln
1 Bund Frühlingszwiebeln
Salz, Pfeffer
Öl oder Butterschmalz
für die Pfanne

Gut zu wissen!

Die Lyoner (im Saarland „der Lyoner“) ist so etwas wie eine Universalwurst des Saarländers. Von den Zutaten her ist sie „nur“ eine Fleischwurst – aber sie ist sehr vielseitig einsetzbar. So eignet sie sich als Einlage für Suppen, für Quiches, für Salate und auch zum Grillen.

Zubereitung

Die Kartoffeln am besten am Vortrag als Pellkartoffeln garen und pellen. Am nächsten Tag die Pellkartoffeln in Scheiben schneiden. Die Lyoner-Wurst pellen und ebenso in dickere Scheiben oder Würfel schneiden.
Die Frühlingszwiebeln putzen, waschen und in grobe Stücke schneiden. In einer Pfanne das Fett auslassen und zunächst die Kartoffelscheiben anbraten. Wenn diese anfangen zu bräunen, die Lyonerscheiben und die Frühlingszwiebeln dazugeben. Das Gericht unter ständigem Rühren noch eine Weile braten lassen, bis die Lyonerscheiben leicht braun sind. Mit Salz und Pfeffer abschmecken.

TIPP

Mit einem grünen Salat servieren.

IWWER DIE PLATT' GESCHMELZDE
(GESCHWENKTE KARTOFFELN)

für 4 Personen

Zutaten

1500 g Kartoffeln
2–3 Zwiebeln
3 EL Butterschmalz
Salz

Gut zu wissen!

Unter der Woche aß man die Geschmelzden früher nur mit einem Salat, sonntags mit Lyoner oder Fleischkäse.

TIPP

Wer mag, gibt auch noch eine Handvoll klein geschnittenes Dürrfleisch mit zu den Zwiebeln und schmeckt das Gericht mit Sahne ab.

Zubereitung

Kartoffeln schälen und in Stifte schneiden. In Salzwasser nicht zu gar kochen. In der Zwischenzeit die Zwiebeln schälen und in ausgelassenem Butterschmalz knusprig braun braten. Die Kartoffeln abschütten, in eine flache Schüssel („Platt") legen und das Zwiebelfett darübergeben. Nach Geschmack noch etwas nachsalzen.

VERHEIRATETE
(KARTOFFELN MIT MEHLKNEPP)

für 4 Personen

Zutaten

Für den Mehlknepp-Teig
750 g Kartoffeln und
500 ml Salzwasser
500 g Mehl
250 ml Wasser
2 Eier
2 l Kochwasser mit 1 TL Salz

Für die Sauce
150 g gewürfelter Räucherspeck
125 ml Milch
Salz, Pfeffer

Zubereitung

Die Kartoffeln schälen und in Stifte schneiden. In etwas Salzwasser gar kochen und abschütten. Aus Mehl, Wasser und Eiern einen zähflüssigen Teig bereiten. Das Wasser mit dem Salz aufkochen und den Teig esslöffelweise abstechen und in das Wasser geben. Die Klöße ca. 5 Minuten in dem Wasser ziehen lassen.
In der Zwischenzeit den Räucherspeck in einer Pfanne auslassen und die Milch zugeben. Kurz aufkochen lassen. Mit Salz und Pfeffer abschmecken.
Die Kartoffelstifte und die Mehlknepp abwechselnd in eine Schüssel oder Auflaufform schichten und mit der Specksauce übergießen.

Gut zu wissen!

Da Kartoffeln und Mehlknepp „als Paar“ in eine Schüssel geschichtet werden, nennt man das Gericht „Verheiratete“.

TIPP
Mit Bettseichersalat (siehe Seite 12) servieren.

GRÜNE KLÖSSE

für 4 Personen

Zutaten

8 Wecken
1 l lauwarmes Wasser
4 Eier
250 g frischer Spinat
1 Bund Petersilie
Salz, Pfeffer, Muskat
2,5 l Salzwasser

Zubereitung

Die Wecken klein schneiden und in Wasser einweichen – gut ausdrücken. Petersilie und Spinat waschen und klein schneiden. Die Eier mit den Gewürzen zum ausgedrückten Wecken geben und alles gut durchkneten. Die Petersilie und den Spinat ebenfalls unterarbeiten. Dann mit feuchten Händen Klöße formen und diese eine gute halbe Stunde in heißem Wasser gar ziehen lassen.

Gut zu wissen!

Statt Spinat können Sie auch Mangold oder Melde nehmen.

TIPP

Dazu schmeckt eine Specksoße. Ein Rezept hierfür finden Sie auf Seite 72 in diesem Kapitel.

GEFÜLLTE KARTOFFELN

für 4 Personen

Zutaten

8 große Kartoffeln
200 g Bratenreste oder Dürrfleisch
2 EL Butterschmalz
1 Zwiebel
Salz, Pfeffer, Muskat
250 ml Fleisch- oder Gemüsebrühe
150 g geriebener Gouda oder Edamer

Gut zu wissen!

Dazu schmecken gebratene Pilze und ein grüner Salat. Auch für Partys taugt dieses Gericht hervorragend!

Zubereitung

Die Kartoffeln schälen und in der Mitte durchschneiden, eventuell die Unterseite etwas begradigen, damit die Kartoffelhälften fest stehen können. Die Kartoffelhälften auf ein eingefettetes Backblech setzen und gut 40 Minuten bei 180° C Ober-Unterhitze garen.

In der Zwischenzeit Bratenreste und Dürrfleisch klein schneiden. Die Zwiebel fein hacken und in etwas Fett anbraten. Die Bratenreste/das Dürrfleisch dazugeben und kurz mit anbraten.

Die Kartoffelhälften mit einem Löffel aushöhlen. Das Kartoffelmark zu dem angebratenen Fleisch geben und zu einer feinen Masse verkneten.

Die Masse in die Kartoffelhälften einfüllen, mit Käse überstreuen und mit der Fleischbrühe angießen.

Bei 180° C Ober-Unterhitze 20 Minuten überbacken, bis der Käse eine goldgelbe Kruste gebildet hat.

TIPP

Probieren Sie die gefüllten Kartoffeln auch mit Sauerrahm-Kräuter-Füllung und Frühstücksspeck-Streifen. Vermischen Sie für die Füllung einfach 150 g Sauerrahm und eine Handvoll gehackte Küchenkräuter mit dem Kartoffelmark.

SÜSS UND FRUCHTIG
KINDHEITSTRÄUME VOM HOF

Milchdesserts mit Früchten und Gebäck

Ein aufwändiger Nachtisch, so wie man ihn heute kennt, suchte man in früheren Zeiten vergeblich. Da das Saarland ein Obstland mit großer Tradition ist, diente oftmals eingemachtes Obstkompott von Pflaumen, Mirabellen oder Kirschen als Nachtisch. Aufgrund der ehemals vielen Streuobstwiesen reichte man auch gerne Apfelmus mit Sahne zum Dessert. Ebenso kamen in Viez gedünstete Apfelstücke oder ein aus Apfelwein gekochter Pudding als Dessert auf den Tisch. Gemäß dem Motto „Erhalten durch Aufessen" engagieren sich heute verschiedene Akteure im Biosphärenreservat Bliesgau dafür, dass heimische Erzeugnisse wie die traditionellen Streuobstwiesen-Delikatessen nicht verloren gehen (www.biosphaere-bliesgau.de). Und auch entlang der Viezstraße im Saargau finden Genussfreudige noch typische Spezialitäten.

Quetschekuche, Laddwerg, Hundsärschgelee

Zu den hausgemachten Spezialitäten aus der Region zählt vor allem der Quetschekuchen. Den Hefekuchen mit dem Pflaumenbelag kennt man mit oder ohne Streuselbelag. In reichen Pflaumenjahren kochte man außer Kompott auch Lattwerg ein. Die entsteinten Früchte wurden hierfür nur mit Gewürzen in einen Kupferkessel gegeben und über Stunden auf dem Herd eingeköchelt. Ein zähes süßes Mus war das leckere Ergebnis. Auch Apfelkraut und Birnenmus bereitete man nach diesem Prinzip zu. Für Apfel-, Quitten- oder Mispelgelee kochte man die zerteilten Früchte zunächst mit Schalen und Kernen in etwas Wasser. Über Nacht ließ man die Masse durch ein feines Sieb oder ein Leinentuch abtropfen. Die abgetropfte Flüssigkeit wurde dann mit der gleichen Menge Zucker zu einem süßen Gelee eingekocht. Noch heute zählt vor allem das Hundsärschgelee zu den Klassikern der Region. Auch für den heutigen Gaumen ist ein so feines Gelee nachmittags auf einer Scheibe Weck ein Hochgenuss. Was braucht es eigentlich mehr?

Weinregion Saarland

In einer so vielfältigen Region wie dem Saarland kennt man selbstverständlich auch Nachspeisen, die mit einem guten Tröpfchen Saarwein zubereitet werden. Zu den wohl ältesten Rezepten zählt eine „Winsupp mit Zwieback", aber auch Weinschaumsoßen, die gerne zu Grießknepp gereicht werden, erfreuen sich heute noch großer Beliebtheit. Selbst gemachte Frucht-Liköre und -sirupe haben ebenso Tradition.

Französische Einflüsse

Nicht nur die Nähe zu Frankreich, sondern auch die wechselvolle Geschichte des Saarlands mit seiner zeitweisen Zugehörigkeit zum Nachbarland hat die Speisekarte nachhaltig geprägt. Und so finden sich heute gerne auch Crème brulée, Schokoladen-Mousse oder gefüllte Crèpes auf dem saarländischen Dessertteller.

QUETSCHEKUCHEN

für 1 Blech à 16 Stücke

Zutaten

Für den Boden

375 g Mehl
125 g Butter
125 g Zucker
20 g Hefe
1 Ei
1 Prise Salz
etwas warme Milch
Mehl für die Arbeitsfläche

Für den Belag

1,5 kg Pflaumen oder Zwetschen
Zitronensaft
Zimt und Zucker
nach Belieben Streusel

Zubereitung

Aus den Zutaten für den Boden einen Hefeteig bereiten und ruhen lassen. In der Zwischenzeit die Pflaumen halbieren, entkernen und Viertel einritzen. Das Obst mit Zitronensaft beträufeln, damit es nicht braun wird. Den Teig mit etwas Mehl aufarbeiten und rechteckig ausrollen. Auf ein gefettetes Blech legen. Am Rand den Teig etwas hochziehen und mit einer Gabel mehrfach einstechen. Die Pflaumen dicht an dicht auf das Blech legen. Nach Belieben Zimtzucker und Streuselmasse auf die Pflaumen geben. Den Kuchen bei 180° C mit Unter-Oberhitze backen, bis Teig und Streusel goldgelb sind

Gut zu wissen!

Für Streuselmasse Mehl, Zucker und Butter in einem Verhältnis 2:1:1 mischen. Für ein Blech 250 g Mehl mit 125 g Zucker und 125 g flüssiger Butter mischen. Wenn die Streusel zu feucht erscheinen, noch etwas Mehl hinzukneten!

TIPP

Möchten Sie lieber einen runden Pflaumenkuchen backen? Dann nehmen Sie einfach die Hälfte der Zutaten!

LATTWERG
(PFLAUMENMUS)

für ca. 8 Gläser à 220 ml

Zutaten

3,5 kg Pflaumen
500 g Zucker
2 aufgeschlitzte Vanillestangen,
1 Zimtstange, 5 Nelken
Zitronensaft oder Weißweinessig

Gut zu wissen!

Pflaumenmus war früher ein beliebter Aufstrich für Brot und Pfannkuchen, mit dem sich auch Fleischsoßen für Wildgerichte aromatisch abschmecken lassen.

Zubereitung

Pflaumen waschen und entsteinen. Die Früchte in einen großen Topf oder Bräter geben und mit dem Zucker und den Gewürzen gut vermengen. Die Masse einige Stunden oder über Nacht etwas Saft ziehen lassen. Im Backofen oder auf dem Herd das Mus bei mittlerer Hitze über 2–3 Stunden langsam einköcheln lassen und dabei gelegentlich umrühren. Je nach Süße der Früchte kann etwas Zitronensaft oder Essig zugegeben werden. Vor dem Abfüllen in die Gläser das Pflaumenmus noch einmal bei voller Hitze kochen und anziehen lassen. Dann sofort in die sterilen Schraubgläser füllen und die Deckel fest verschließen.

TIPP

Im Saarland füllt man süße Maultaschen aus Kartoffelteig gerne mit Lattwerg. Für den Maultaschen-Teig benötigt man 500 g Mehl, 375 g gekochte und fein zerstampfte Kartoffeln, 200 g Zucker, 50 g Butter, 2 Eier, ein Päckchen Vanillezucker sowie ein Päckchen Backpulver. Den Teig rollt man aus und schneidet ihn in Quadrate, diese werden mit Lattwerg gefüllt und zusammengeklappt. Mit etwas Milch bestrichen, bäckt man die Maultaschen bei 180° C Ober-Unterhitze für ca. 20 Minuten, bis sie goldgelb sind.

STREUOBST-APFELMUS

für 4 Personen

Zutaten

1 kg Streuobst
125 ml Wasser
Saft von ½ Zitrone
1 Päckchen Vanillezucker oder etwas Zimt
Zucker nach Geschmack

Gut zu wissen!

Wer kein Streuobst hat, kann auch säuerliche Sorten wie Boskoop, Rubinette oder Elstar gut zu einem Apfelmus verarbeiten.

TIPP

Wenn das Streuobst zu verwachsen und schlecht zu schälen ist, kann man die Äpfel auch ungeschält vierteln und kochen. Man gibt sie dann, sobald sie weich genug sind, durch eine flotte Lotte.

Zubereitung

Die Äpfel waschen, schälen, vierteln und entkernen. In einem großen Topf mit Wasser und Zitronensaft weichkochen lassen. Die Äpfel dann mit einem Pürierstab oder Stampfer zu Mus verabeiten. Mit Vanillezucker, Zimt und Zucker abschmecken. Einfach mit Sahne oder zu Waffeln oder Pfannkuchen servieren.

HUNDSÄRSCHSCHMEER
(MISPELGELEE)

für 6 Gläser à 220 ml

Zutaten

4,5 kg reife Mispeln
500 g Gelierzucker 2:1
Saft von 1 Zitrone

Gut zu wissen!

Die Saftausbeute der Mispel ist gering. Man kann sie mit der von sehr trockenen Apfelsorten vergleichen. Ein Mispelmus ist etwas ergiebiger. Man benötigt für 1 kg Mus gut 1,5 kg sehr reife, teigige Früchte. Diese halbiert man und lässt sie in wenig Wasser weich kochen. Anschließend passiert man die Masse durch eine flotte Lotte und süßt das Mus nach Geschmack.

Zubereitung

Die Mispeln in einem Dampfentsafter bis zu 1,5 Stunden entsaften. Die Ausbeute von ca. 1 Liter Saft mit dem Gelierzucker und dem Zitronensaft in einen Kochtopf geben und sprudelnd kochen lassen, bis die Masse anzieht. Nach einer Gelierprobe die heiße Masse in sterile Schraubgläser füllen und fest verschließen.
Probieren Sie das Gelee-Rezept auch mit Äpfeln oder Birnen. Kleinere Mengen können Sie auch in einem Topf weich kochen und dann durch ein Sieb passieren.

TIPP

Mit Orscholzer Tütchen servieren! Die Hippen-Spezialität aus der Saarschleifen-Region backte man früher gerne auf Vorrat. Für 80 Tütchen benötigt man je 500 g Zucker, Butter und Mehl, 1 Päckchen Vanillezucker oder Rum. Den Rührteig bäckt man in einem Hippenwaffeleisen oder alternativ in der Pfanne oder auf dem Backblech portionsweise aus und rollt die noch warmen Waffeln zu Tüten.

VIEZPUDDING

für 4 Personen

Zutaten

500 ml Viez
1 Päckchen Vanillepudding
1 Päckchen Vanillezucker
Saft von ½ Zitrone
Zucker nach Geschmack
250 ml Sahne

Zubereitung

Den Viez mit dem Vanillezucker und dem Zitronensaft in einen Topf geben und zum Kochen bringen. Das Vanillepuddingpulver mit etwas Wasser anrühren und in den kochenden Viez einrühren. Sobald der Viez anzieht, diesen von der Kochplatte nehmen, mit Zucker abschmecken und abkühlen lassen. Sahne nach Geschmack süßen, steif schlagen und unter den erkalteten Viezpudding rühren.

Gut zu wissen!

Entlang der Viezstraße zwischen Merzig und Trier können sich kulinarisch interessierte Wanderer auf eine Route zum Thema Apfelwein begeben. Auf einer Länge von 180 Kilometern bieten Direktvermarkter und Gastronomen die Spezialitäten der Streuobstwiesenlandschaft Saargau an. Die Viez-Region bei Merzig ist im Übrigen eine uralte Kulturlandschaft mit Römerspuren wie der rekonstruierten Römischen Villa in Perl-Bong aus dem 2. Jahrhundert nach Christus. Und wer in Mettlach-Orscholz von der 400 Meter hohen Klippe „Cloef" herabschaut, hat die beste Aussicht auf die Saarschleife mit ihrer bewaldeten Mittelgebirgslandschaft. Im Herbst laden zahlreiche „Äppel"- und Erntefeste zum Mitfeiern ein.
(www.saarschleifenland.de)

TIPP

Probieren Sie das Rezept auch mal mit trockenem Weißwein oder Apfelsaft! Wer den Viezpudding statt mit Zucker mit Holunderblütensirup süßt, bekommt eine sehr feine Note an das Dessert!

QUITTENKOMPOTT

ür 6–8 Gläser à 650 ml

Zutaten

5 kg Apfel- oder Birnen-Quitten (zirka 25 Stück)
2 l Wasser
600 g Zucker
1 Zitrone in Scheiben
Saft von ½ großen Zitrone

Gut zu wissen!

Die runden apfelähnlichen Apfelquitten sind meist etwas kleiner als die birnenähnlichen Birnenquitten. Apfelquitten sind oftmals etwas feiner im Aroma und haben weniger Steinzellen. Für Kompott eignen sich jedoch beide Sorten gleichermaßen gut.

Zubereitung

Aus Wasser, Zucker und Zitronen einen Sud bereiten, kurz aufkochen und den Sirup einige Stunden durchziehen lassen, dann die Zitronenscheiben entfernen.

Die Quitten einzeln schälen und in Viertel oder Achtel schneiden. Das Kerngehäuse herausschneiden, die Quittenstücke kurz abwaschen, damit keine Rückstände von den Fruchtknoten oder vom Kerngehäuse an den Stücken haften. Die Stücke sofort in den simmernden Sud geben, damit sie schön hell bleiben – kurz im Sud ziehen lassen und dann in Schraub- oder Einmach-Gläser schichten. Mit dem Sud bedecken und den Deckel schließen.

Die gefüllten und verschlossenen Gläser in einem Einkochgerät oder Topf mit Wasser stellen, zu zwei Drittel mit Wasser bedecken und rund 30 Minuten bei 90° C einkochen.

TIPP

Man kann die Stücke alternativ in ein Zitronen- oder Essigwasser legen und dann alle Quittenstücke zusammen blanchieren.

RHABARBERKOMPOTT

für 4 Personen

Zutaten

1 kg Rhabarber
750 ml Wasser oder Apfelsaft
1 Päckchen Vanillezucker
etwas Abrieb von einer unbehandelten Zitrone
Zucker nach Geschmack

Zubereitung

Den Rhabarber waschen, schälen und in etwa einen Zentimeter große Stücke schneiden. Den Saft mit dem Vanillezucker aufkochen, den Rhabarber zugeben und kurz gar köcheln lassen.

Gut zu wissen!

Rhabarber hält sich über einige Tage frisch, wenn man die Stangen in ein feuchtes Küchenhandtuch einwickelt und kühl lagert. Von April bis Ende Juni (Johannitag) hat das Stängelgemüse Saison.

TIPP

Heutzutage ist auch Rhabarbercrumble sehr beliebt. Die angedünsteten und gezuckerten Rhabarberstücke werden hierfür mit einem Streuselteig überbacken. Für den Streuselteig benötigt man 200 g Mehl, 100 g flüssige Butter und 100 g Zucker. Die Zutaten gibt man in eine Schüssel und reibt sie mit den Händen zu Streuseln. Der Crumble wird bei 180° C Ober-Unterhitze gut 25 Minuten überbacken, bis die Streusel goldgelb sind.

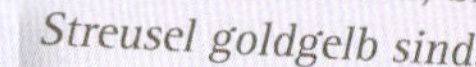

WINSUPP MIT ZWIEBACK

für 6–8 Personen

Zutaten

1 l Weißwein oder Viez
60 g Zucker
1 unbehandelte Zitrone
1 Zimtstange
1 TL Vanillezucker
2 EL Grünkern- oder Stärkemehl
4 Eier
125 ml Sahne
8 Zwiebäcke

Gut zu wissen!

Das einzige Weinanbaugebiet im Saarland liegt an der Obermosel auf dem Gebiet der Großgemeinde Perl. Entlang der Saar wird Weinbau zwischen den Gemeinden Serrig und Konz, die zu Rheinland-Pfalz zählen, betrieben. Vorwiegend erzeugen die Winzer Rieslinge, die sich durch eine feine Mineralität auszeichnen.

Zubereitung

Den Backofen vorheizen. Weißwein mit Zucker, Zitronenabrieb und Zimtstange in einen Topf geben. Das Mehl in etwas Wein anrühren und dann der Masse zugeben. Die Suppe aufkochen, bis sie etwas sämig wird und dann die Zimtstange entfernen. Die Eier trennen und das Eiweiß mit dem Vanillezucker steif schlagen und auf die Zwiebäcke geben. Im Ofen die Zwiebäcke überbacken, bis das Eiweiß leicht braun ist. Zwei Eigelbe mit der Sahne verrühren und in die heiße Suppe rühren. Zusammen mit den überbackenen Zwiebäcken servieren.

TIPP

Auch Weinschaumsoßen sind zu süßen Speisen wie Milchreis oder Grieß im Saarland sehr beliebt. Ein Rezept hierzu gibt's auf der folgenden Seite.

GRIESSKNEPP MIT OBST
(GRIESSKLÖSSE)

für 4 Personen

Zutaten

750 ml Milch
250 g Hartweizengrieß
2 Eier
60 g Butter
30 g Zucker
Salz
frisches Obst der Saison oder eingemachtes Kompott

Gut zu wissen!

Besonders gerne reicht man im Saarland zu diesem Nachtisch Wählekompott. Zum Wähle-(Waldbeeren-)Sammeln schickte man früher die Kinder mit kleinen Eimern am Nachmittag los.

Zubereitung

Die Milch mit Zucker und Salz zum Kochen bringen und dann den Grieß hineinrühren. Diesen bei kleiner Hitze ausquellen lassen. Die Eier mit einem Schneebesen unterziehen und den Brei abermals quellen lassen. Die Butter schmelzen, einen Löffel immer wieder in das Fett tauchen und von der Grießmasse damit sukzessive kleine Klöße abstechen. Den Rest der Butter bräunen und über die Klöße gießen. Mit Zucker bestreuen und zusammen mit frischen gezuckerten Früchten oder mit Obstkompott servieren.

TIPP

Eine Weinschaumsoße passt perfekt zu diesem Nachtisch. Dafür gibt man 2 Eier, 100 g Zucker, einen ¼ Liter Weißwein oder Viez und etwas abgeriebene Zitronenschale in einen hohen Topf und verrührt die Zutaten. Die Soße wird anschließend unter ständigem Rühren auf der heißen Herdplatte abgeschlagen, bis sie hochsteigt und eindickt.

ERDBEERSAHNECREME

für 4 Personen

Zutaten

750 g Erdbeeren
6 Blatt Gelatine oder entsprechend viel gemahlenes Gelatinepulver
150 g Zucker
100 ml Weißwein
500 ml Sahne
weitere Erdbeeren für die Dekoration

Zubereitung

Die Erdbeeren putzen, waschen und 500 Gramm Erdbeeren pürieren. Die restlichen 250 Gramm in kleine Würfel schneiden. Die Gelatine nach Herstellerangabe auflösen und erhitzen. Das Erdbeerpüree mit Zucker und Weißwein mischen. Die aufgelöste Gelatine etwas abkühlen lassen und unter die Erdbeermasse rühren. Diese kalt stellen. Nach einer guten Stunde die Erdbeerstückchen und die geschlagene Sahne unterheben. Die Creme in Gläser füllen und im Kühlschrank zwei bis drei Stunden fest werden lassen.

Gut zu wissen!

Wer keinen Weißwein für die Creme verwenden möchte, gibt einfach 1–2 TL Zitronensaft in die Masse.

TIPP

Die Creme mit Erdbeeren dekorieren.

ÜBERBACKENE BEEREN

für 4 Personen

Zutaten

600 g frische Himbeeren oder gemischte Beeren (alternativ tiefgekühlte Ware)
60 g Zucker
1 unbehandelte Orange
3 Eigelbe
3 EL Sahne
Fett für die Förmchen

Gut zu wissen!

Ein sehr beliebter, von den französischen Nachbarn inspirierter Nachtisch ist die Crème brulée. Die gekochte Masse aus 250 ml Milch, 250 ml Sahne, dem Mark einer Vanilleschote, 4 Eiern und 40 g Zucker wird in feuerfesten Förmchen im vorgeheizten Ofen bei 120 Grad Celsius etwa für 25 Minuten stocken gelassen. Die abgekühlte Masse bestreut man mit etwas braunem Zucker und lässt diesen kurz unter dem Backofengrill karamellisieren. Man serviert den Nachtisch mit Früchten.

Zubereitung

Die Beeren putzen, vorsichtig waschen und abtropfen lassen. Die Früchte in einer Schüssel mit 3 EL Zucker vermischen und etwas durchziehen lassen. Die Orange heiß abwaschen, die Schale abreiben und anschließend das Fruchtfleisch auspressen. Eigelbe mit 4 EL Orangensaft, Orangenabrieb, dem restlichen Zucker und der Sahne in eine Metallschüssel geben und über einem Wasserbad cremig aufschlagen. Die Beeren auf vier ausgefettete, feuerfeste Förmchen verteilen und den Orangenschaum darübergeben. Die Förmchen in den vorgeheizten Backofen geben und bei Grillfunktion den Schaum leicht bräunen lassen. Den Nachtisch heiß servieren.

TIPP

Wer keine feuerfesten Förmchen zur Hand hat, kann den Nachtisch auch in einer Auflaufform bereiten. Besonders apart schmeckt es, wenn man die Früchte in etwas Orangenlikör ziehen lässt.

FRUCHTLIKÖR UND -SIRUP

für ca. 2 Flaschen à 350 ml

Zutaten

Für den Aufgesetzten
350 g Beerenfrüchte
250 g Zucker
1 Vanilleschote oder Zimtstange
1 Flasche Doppelkorn
(38 Volumenprozent)

Für den Sirup
500 g vollreife Erdbeeren
Saft einer ½ Zitrone,
nach Geschmack mehr
250 ml Wasser
500 g Zucker

Zubereitung des Aufgesetzten

Die Beeren entstielen und waschen. Die Früchte etwas zerdrücken und in ein gut schließendes Ansatzglas geben, den Zucker, die Zimtstangen sowie die aufgeschlitzte Vanilleschote oder Zimtstange im Ganzen dazugeben. Mit dem Korn auffüllen und etwa 6 Wochen ziehen lassen. Den Aufgesetzten dann abseihen und in Flaschen füllen. Kühl und dunkel aufbewahren.

Gut zu wissen!

Neben Fruchtlikören aus Beeren, Weinbergspfirsisch und grünen Nüssen sind Obstler und Brände aus Mirabellen, Mispeln, Äpfel und Birnen im Saarland sehr beliebt. Mit dem Hochprozentigem lassen sich zum Beispiel Biskuit und Kekse für feine Schichtdesserts tränken.

Zubereitung des Sirups

Die gewaschenen und geputzten Erdbeeren klein schneiden und mit Zitronensaft und Wasser aufkochen, bis die Erdbeeren musig sind. Die Masse abkühlen lassen und durch ein Haarsieb oder ein feines Leinentuch drücken. Den gewonnenen Saft mit Zucker und (nach Geschmack) mit weiterem Zitronensaft aufkochen. Der Sirup muss eine Minute sprudelnd kochen und kann dann direkt in saubere Schraub- oder Bügelflaschen abgefüllt werden. Kühl und dunkel aufbewahren.

TIPP

Wer auf alkoholische Getränke verzichten möchte, kann den Sirup 1:7 mit Mineralwasser verdünnen. Eine leckere Erfrischung für den Sommer!

REGISTER

SAARLAND

Günther Klahm

Geschichten und Anekdoten aus dem Saarland

80 S., Hardcover
zahlr. S/w-Bilder
ISBN 978-3-8313-2088-2

Günther Klahm

Saarland – 1000 Freizeittipps

176 S., Broschur
zahlr. Farb- und S/w-Bilder
ISBN 978-3-8313-2898-7

Günther Klahm/Josef Scherer

Saarland – Farbbildband
deutsch/english/francais

72 S., Hardcover
zahlr. Farbfotos
ISBN 978-3-8313-2497-2

Eckart Sander

Saarland – Die schönsten Schlösser und Burgen

88 S., Hardcover
zahlr. Farb- und S/w-Bilder
ISBN 978-3-8313-3244-1

Wartberg Verlag
Im Wiesental 1 • 34281 Gudensberg-Gleichen
Telefon: 056 03/9 30 50 • www.wartberg-verlag.de